# De la démocratie en Europe

Sylvie Goulard
Mario Monti

# De la démocratie en Europe

## Voir plus loin

Flammarion

ISBN : 978-2-0812-8204-9

# Avant-propos

Trop de barrières enferment la réflexion sur l'Europe : préjugés, rivalités institutionnelles et réflexes nationaux faussent le jugement. D'où l'idée que nous avons eue, il y a quelques années déjà, d'écrire un livre « à quatre mains ».

La gravité de la crise nous a convaincus de franchir le pas et de tenter une analyse qui, de manière singulière, croise la perspective d'un ancien commissaire européen, devenu ensuite chef de gouvernement, membre du Conseil européen, et d'une députée européenne qui a travaillé au ministère français des Affaires étrangères et auprès de Romano Prodi lorsqu'il était président de la Commission européenne [1]. Peut-être un Italien et une Française considérés tous deux, dans leur pays d'origine, comme « germaniques » ont-ils une chance de faire entendre, ensemble, une voix différente…

---

1. Les auteurs s'expriment à titre personnel, sans engager aucune des institutions auxquelles ils ont appartenu ou appartiennent aujourd'hui. Les positions qu'ils prennent dans cet ouvrage sont dépourvues de caractère officiel.

Favoriser une perspective européenne, embrasser un horizon plus vaste, un temps plus long, tels sont les objectifs que nous poursuivons, en ayant à l'esprit, avant tout, l'avenir des jeunes générations.

Les Européens ne parviendront à consolider l'Union européenne et l'euro qu'en prenant conscience de leur histoire et de leur destin communs. Pour qu'ils puissent forger ensemble ce destin, encore faut-il qu'un débat démocratique s'engage. Certains diront que la priorité immédiate n'est pas de renforcer la démocratie en Europe mais de sortir de la crise. Nous croyons au contraire que la démocratie est non seulement une valeur en soi, mais aussi la condition d'une action durable. D'autres soutiennent qu'il suffira de renforcer les Parlements nationaux pour combler les lacunes démocratiques mais le repli sur les nations, parce qu'il alimente les divergences, nous paraît dangereux.

Faute de temps, nous n'aborderons pas les autres champs de l'action publique, tels que les affaires étrangères et la défense, ou encore la lutte contre le changement climatique, qui auraient mérité d'être étudiés, mais la sphère économique et sociale suffit amplement à justifier notre propos.

L'essentiel des idées que nous défendons dans cet ouvrage a été développé dans des articles et des livres rédigés avant le début de la crise, dont les références sont regroupées en fin de volume. Elles sont donc moins une réaction à l'urgence qu'une conviction ancienne, solidement étayée.

Les difficultés que rencontre aujourd'hui l'Europe sont sérieuses. Peut-être les Européens seront-ils contraints à une refondation. Mais quel que soit le destin de l'Europe et de l'euro tels que nous les connaissons, le besoin d'unité demeurera.

Quand on regarde les problèmes sans complaisance, sans nationalisme, ils ne sont pas insurmontables. Pour l'essentiel, ce sont les Européens qui les créent ou les entretiennent, par manque de confiance en eux ou d'imagination. C'est pourquoi ce livre se veut aussi un message d'espoir.

# Introduction

Il faut une science politique nouvelle à un monde tout nouveau. Mais c'est à quoi nous ne songeons guère : placés au milieu d'un fleuve rapide, nous fixons obstinément les yeux vers quelques débris qu'on aperçoit encore sur le rivage tandis que le courant nous entraîne et nous pousse à reculons vers des abîmes. [...]
Jamais les chefs d'État n'ont pensé à rien préparer d'avance pour [la révolution sociale] ; elle s'est faite malgré eux ou à leur insu. Les classes les plus puissantes, les plus intelligentes et les plus morales de la nation n'ont point cherché à s'emparer d'elle afin de la diriger.

Alexis de Tocqueville [1]

1. *De la démocratie en Amérique* in *Œuvres*, Éditions Gallimard, « Bibliothèque de la Pléiade », 1991, p. 8. Sauf mention contraire, les références à Tocqueville sont extraites de cet ouvrage.

La crise que nous vivons est-elle une crise de l'Union européenne (UE), dépourvue de la *légitimité* démocratique nécessaire à l'action ? Est-elle une crise des États qui la composent, privés de l'*autorité* indispensable à l'action ? Ou bien l'Europe et les États membres sont-ils emportés par des phénomènes qui les dépassent ?

Les Européens se désintéressent des détails. Dans les pays en difficulté, la plupart retiennent que leur avenir, et celui de leurs enfants, est compromis. Ils voient le chômage de masse, la montée des inégalités et les difficultés de leur gouvernement face aux marchés financiers. Ils ne se sentent plus toujours compris ni écoutés. Dans les États qui résistent mieux à la crise, les succès sont imputés à des mérites nationaux qui, pour être indéniables, sont indissociables de l'appartenance à un ensemble plus vaste.

L'Union économique et monétaire reposant essentiellement sur les États qui en sont membres et dépendant souvent de leur bon vouloir pour agir, la responsabilité des difficultés actuelles ne saurait être imputée seulement à « l'Europe ». Les pays de la zone euro ont des performances suffisamment contrastées, avec la même monnaie, pour que chacun prenne sa part. Mais aucun ne peut non plus s'abstraire du tout.

Notre conviction est qu'il s'agit d'une crise multiforme : une crise de la démocratie *en Europe*, révélant une défaillance conjointe des États et de l'Union, une crise touchant à la fois à la légitimité des décisions et à l'autorité de ceux qui les prennent et, enfin, une crise liée aux évolutions de nos sociétés – l'apparition des nouvelles technologies, la mondialisation –, dont nos régimes politiques n'ont guère pris la mesure. Sortir de la crise suppose que les dirigeants européens admettent pleinement l'interdépendance, l'imbrication des responsabilités et l'incidence, sur le jeu démocratique, des bouleversements du monde.

Une partie des difficultés tient à ce que les États membres et l'Union européenne forment un tout qui est rarement perçu comme tel. La maison commune se lézarde parce que certains copropriétaires n'ont pris soin ni de leur appartement ni des parties communes.

Depuis le début de la crise, les gouvernements nationaux, les institutions européennes n'ont pas ménagé leur peine. De Conseil européen en Conseil européen, ils ont multiplié les mesures de « sauvetage », en créant par exemple *ex nihilo* des fonds de secours. Plusieurs réglementations nouvelles en matière de supervision financière, de « gouvernance de l'euro », de contrôle de certains fonds spéculatifs ou de certains abus des marchés sont déjà entrées en vigueur. La Banque centrale européenne (BCE) a racheté la dette de certains États sur le second marché et veillé à ce que l'argent circule mieux entre les banques, pour alimenter l'économie. Plusieurs pays membres ont adopté des plans drastiques de redressement. D'importants partenaires mondiaux (notamment la Chine et les États-Unis) ont accepté de participer à la coordination proposée par les Européens au sein du G20.

En dépit de tous ces efforts, l'Europe n'est toujours pas tirée d'affaire. La récession menace le continent et, au-delà, l'économie mondiale. Comme certains observateurs extérieurs l'avaient prédit [1], loin de couronner le rapprochement, l'euro devient un ferment de discorde. Au moment même où un plus grand partage de souveraineté serait nécessaire, nombre d'Européens s'y refusent ou s'y résolvent par nécessité, mais non sans malaise et récriminations. Ils se méfient d'une monnaie qui devait leur apporter la prospérité et leur vaut l'austérité. Vu les incertitudes, il n'est pas étonnant que le soutien populaire à l'Union européenne décline.

Au moment où ce livre est écrit, durant l'été 2012, l'avenir est ouvert. Le Conseil européen de juin 2012 a marqué un tournant : pour la première fois, les chefs d'État et de gouvernement de la zone euro ont décidé des mesures pour faire face à l'instabilité sur les marchés, reconnaissant qu'au-delà des efforts à accomplir par chaque pays, une action commune, soigneusement encadrée, pourrait se révéler utile. Ils ont aussi ouvert la voie, sous certaines conditions, à une recapitalisation directe des banques par les fonds de secours européens. Enfin, outre des mesures pour la croissance et l'emploi, le Conseil européen a lancé une réflexion de plus grande

---

1. Martin Feldstein, « EMU and international conflict », *Foreign Affairs*, novembre-décembre 1997 ; « The failure of the euro », janvier-février 2012.

ampleur sur l'avenir de l'Union économique et monétaire autour de quatre éléments essentiels : la finance, le budget, l'économie et la démocratie [1]. Herman Van Rompuy, le président du Conseil européen, a été chargé de faire des propositions d'ici la fin de l'année 2012 [2].

Une conscience nouvelle des difficultés est en train de se forger. À la suite de l'annonce, par la Banque centrale européenne, début septembre, de mesures à caractère illimité et de la décision de la Cour constitutionnelle fédérale allemande validant le fonds de secours permanent (le Mécanisme européen de stabilité), l'horizon semble se dégager. Cependant, il est trop tôt pour tirer des conclusions définitives.

Pris entre instinct et raison, entre dissensions et solidarité, les Européens peinent à imaginer l'avenir. La défense d'avantages immédiats ou de positions de principe l'emporte parfois sur l'analyse rationnelle des intérêts collectifs. Le rythme des évolutions n'est pas écrit d'avance : certains reculs pourraient être provisoires, certaines avancées précaires, ou au contraire décisives et créer une nouvelle dynamique. Nul ne sait combien d'États utiliseront l'euro d'ici quelques années.

C'est le bon moment pour faire le tri entre l'essentiel et l'accessoire : serions-nous vraiment prêts à vivre la fin de l'Europe unie ?

---

1. Voir les conclusions du Conseil européen des 28 et 29 juin 2012, Euco 76/12, COEUR 4, concl. 2, ainsi que la déclaration du sommet de la zone euro en date du 29 juin 2002.

2. Il sera assisté dans cette tâche par le président de la Commission, J. M. Barroso, celui de la Banque centrale, M. Draghi, et celui de l'Eurogroupe, J.-C. Juncker.

Nous sommes convaincus que, si le processus d'union s'arrêtait, l'avenir des Européens serait plus sombre. C'est l'analyse objective de nos intérêts – et non un quelconque idéalisme – qui nous pousse à nous interroger sur la démocratie en Europe. Jusqu'à ce jour, des remèdes ont été administrés au coup par coup mais les experts évoquent une crise « systémique » de l'économie. La crise politique, qui tient aux dérives des États-nations et de l'organisation du monde, n'est pas moins « systémique » à nos yeux. Comme l'écrit Tocqueville dans le passage cité en exergue, il faut « une science politique nouvelle pour un monde nouveau ».

L'histoire nous a déjà appris combien est précaire l'ordre westphalien, né en 1648, à la fin de la guerre de Trente Ans, et misant sur l'équilibre des puissances. Les pays les plus forts ont tendance à abuser de leur suprématie ; les plus faibles se trouvent enrôlés dans des « zones d'influence » qui, en attisant les rivalités, précipitent les conflits. L'histoire des deux derniers siècles a déjà prouvé que, livrés à eux-mêmes, les États souverains sont souvent impuissants à agir pour le bien commun quand ils n'en viennent pas à se déchirer.

Ceux qui font miroiter un retour en arrière dans le giron des États-nations sont égarés par la nostalgie. Ni temps passé, ni les… monnaies reviennent. Ce serait au contraire un saut dans l'inconnu, aux conséquences insoupçonnées car l'échec de la construction européenne saperait aux yeux du monde, et sans doute pour longtemps, le crédit de tous les États qui y ont participé.

Les contemporains des époques charnières de l'histoire ont souvent cru que leur petit monde serait appelé à durer. Faute de distinguer ce qui va naître, ils se raccrochent à ce qu'ils connaissent. Cet aveuglement est humain. Dans un poème très émouvant, un haut fonctionnaire romain, Rutilius Namatianus, écrivait ainsi en 417, à propos de l'Empire attaqué par les Barbares : « Toi qui tiens le monde en toute son étendue par tes triomphes civilisateurs, ayant uni tous les peuples, tu les fais vivre sous les mêmes lois [...]. Les siècles qu'il te reste à vivre ne sont soumis à aucune limite, tant que subsistera la terre et que le ciel portera des astres. Tu reçois une force nouvelle de ce qui détruit les autres royaumes : trouver dans tes malheurs un principe d'accroissement est la loi de la résurrection [1]. » Nous savons malheureusement ce qui s'est passé et qu'il ne pouvait pas même concevoir : la chute de Rome.

Mieux vaut admettre les évolutions, avec un peu d'humour et de foi dans l'avenir, comme le philosophe Michel Serres qui rappelle : « Lorsque nous nous sommes mis debout, les deux membres antérieurs ont perdu leur faculté de portage mais au passage, nous avons inventé la main qui peut jouer du piano, caresser et faire mille choses plus intéressantes que de marcher à quatre pattes [2]. »

Le génie d'Alexis de Tocqueville a justement consisté à comprendre que le monde aristocratique dont il était issu était voué à disparaître. Loin de s'aveugler, il s'est hissé au-dessus de son temps : « J'ai entrepris de voir non pas autrement, mais plus loin que les partis et,

1. *Sur son retour*, Éditions Les Belles Lettres, 2005, v. 77-78 et 135-139.

2. Interview au *Point*, 14 juin 2012, en faisant lui-même référence au préhistorien André Leroi-Gourhan ; voir aussi *Petite Poucette*, Éditions du Pommier, 2012.

tandis qu'ils s'occupent du lendemain, j'ai voulu songer à l'avenir [1] », écrit-il dans *De la démocratie en Amérique*. D'où l'idée de nous laisser conduire par Tocqueville dans notre réflexion sur la démocratie en Europe, tout comme Dante par Virgile dans *La Divine Comédie*.

Selon Tocqueville, le mouvement le plus puissant de nos sociétés est la marche vers la démocratie, vers ce qu'il appelle « l'égalité des conditions ». En 1835, il la fait remonter à… sept cents ans déjà, en soulignant sa force : « Serait-il sage de croire qu'un mouvement social qui vient de si loin pourra être suspendu par les efforts d'une génération ? Pense-t-on qu'après avoir détruit la féodalité et vaincu les rois, la démocratie reculera devant les bourgeois et les riches ? »

Sans céder au déterminisme, sa lucidité invite à réfléchir : si « la passion de l'égalité » a détrôné les rois et renversé les régimes de droit divin, si c'est bien « le fait le plus continu, le plus ancien et le plus permanent qu'on connaisse dans l'histoire », il y a peu de chances que ce mouvement soit terminé. Cette vague séculaire, obstinée, n'a-t-elle pas, sur la construction européenne, un impact que nous aurions négligé ? Pourquoi ne pas chercher, nous aussi, à « voir plus loin », en dépassant les bornes et les préjugés de notre temps ?

Surtout au moment où les nouvelles technologies renforcent à la fois la demande et l'offre d'égalité : jamais, dans l'histoire de l'humanité, l'accès à la connaissance n'a été aussi ouvert. Jamais les hommes n'ont disposé de réseaux d'échanges transcendant à ce point les classes sociales et la géographie. Les hiérarchies, l'autorité sont

1. *De la démocratie en Amérique*, *op. cit.*, p. 139.

contestées. Les appartenances traditionnelles, à des partis, des patries, des Églises se dissolvent.

Tous les régimes politiques peinent à en tirer les conséquences mais, en Europe, ces phénomènes se ressentent d'autant plus que l'Union européenne, la zone euro flottent dans un entre-deux.

C'est en des termes similaires que Tocqueville juge son temps : « Nous avons abandonné ce que l'état ancien pouvait présenter de bon, écrit-il, sans acquérir ce que l'état actuel peut avoir d'utile [...]. Nous arrêtant complaisamment au milieu des débris de l'ancien édifice, nous semblons vouloir nous y fixer pour toujours [1]. »

L'attachement aux « anciens édifices » est tout à fait compréhensible. Nos émotions patriotiques et sportives y puisent leur ressort ; nos langues et nos cultures, leur vigueur. C'est dans le cadre de l'État-nation que se sont épanouies nos plus belles réalisations comme la démocratie ou les droits de l'homme. Mais les Européens d'aujourd'hui, enfants gâtés de la paix, ont tendance à oublier les ravages du nationalisme dont François Mitterrand, dans son adieu au Parlement européen en 1995, a invité à se souvenir, avec une formule choc : « Le nationalisme, c'est la guerre. » Aucune génération ne devrait jamais tenir pour acquis un moment de l'histoire, surtout quand elle jouit, par rapport à toutes celles qui l'ont devancée, d'un privilège extraordinaire.

De même que Tocqueville s'est attaché à perpétuer les vertus de l'aristocratie dans la démocratie qui lui a succédé, de même devrions-nous donner la priorité à la

1. *Ibid.*, p. 12.

démocratie sur la construction politique dans laquelle elle s'est développée jusqu'ici : l'État-nation. D'autres avant nous ont su mener à bien en leur temps d'importantes transformations.

Sans voir dans les États-Unis le seul modèle possible, il est passionnant d'étudier, comme Tocqueville le fit lui-même, les *Federalist Papers*[1] publiés à la fin du XVIII^e siècle par les partisans de la nouvelle Constitution américaine : les questions qu'ils se sont posées sont très proches de celles qui nous préoccupent, qu'il s'agisse par exemple de la répartition des pouvoirs entre les États et l'Union, ou de la mise en commun de la dette. Et leurs réflexions sur l'Antiquité et l'histoire de l'Europe restent d'actualité.

Tocqueville ne cache pas qu'il est allé chercher aux États-Unis, pays neuf, tourné vers l'avenir, la confirmation d'intuitions plus générales qui seraient valables en Europe. Son témoignage est fascinant par la vitalité du monde qu'il décrit : pour étudier la démocratie américaine, il s'est en effet intéressé aussi bien aux organes de gouvernement et à l'exercice de la souveraineté qu'à l'organisation des communes, à la presse, à la religion, voire à l'éducation des jeunes filles. Il nous fait comprendre que, pour vivre ensemble, l'engagement de la société tout entière, l'esprit et « les mœurs », comme il

1. Les *Federalist Papers* ou *The Federalist* (en français *Le Fédéraliste*) sont une série de quatre-vingt-cinq articles publiés en 1787-1788 sous le pseudonyme de Publius par Alexander Hamilton, John Jay et James Madison ; *The Federalist, a Commentary on the Constitution of the United States*, The Modern Library, 1999 ; trad. fr. *Le Fédéraliste*, Éditions Classiques Garnier, 2012. Sauf mention contraire, la traduction est des auteurs.

dit, sont aussi importants que les institutions et les règles.

À supposer qu'elle existe, nous ne prétendons pas détenir « la » solution. Tout au plus voudrions-nous contribuer à identifier les problèmes à résoudre. Et aussi témoigner qu'un chemin européen est non seulement possible mais enrichissant. Parmi les efforts nécessaires pour rendre l'Europe plus efficace, mieux acceptée, certains sont négligés, d'autres exagérés, pour ne pas dire caricaturés.

Volontairement, nous resterons au niveau des principes et des orientations générales car les questions-clés ne sont pas techniques. L'essentiel, c'est que la démocratie ne soit plus sacrifiée, comme elle l'est aujourd'hui au niveau européen, ni sanctifiée sans inventaire au niveau national, en oubliant qu'elle requiert, comme dirait Montesquieu, un « ressort de plus » : « la vertu » [1].

À nos yeux, il n'y a pas un échelon légitime, l'État, et un autre qui le serait moins, l'Europe, mais une combinaison à améliorer, sans préjugé, avec une certitude : aucune astuce institutionnelle ne peut pallier l'absence d'esprit européen et de respect mutuel. Et rien, jamais, ne permettra de surmonter la terrible contradiction de notre temps : vouloir être aussi forts que si l'Europe était unie, conserver autant de souveraineté nationale que si elle ne l'était pas.

L'Union est plus démocratique qu'on ne le dit en général (chapitre premier) mais la démocratie « par le peuple » n'est pas encore réalisée (chapitre 2), tout

1. *De l'esprit des lois*, livre III, chapitre III, *Œuvres complètes* t. II, Éditions Gallimard, « Bibliothèque de la Pléiade », p. 251.

comme la démocratie « pour le peuple » laisse à désirer (chapitre 3) [1]. La question démocratique mérite d'être appréciée dans son ensemble, en englobant l'esprit public, à vivifier (chapitre 4) comme le régime politique, à perfectionner (chapitre 5). Au terme de ce tour d'horizon, nous esquisserons quelques pistes d'avenir (conclusion).

1. Pour la distinction entre démocratie pour le peuple et démocratie par le peuple, voir notamment Fritz Scharpf, *Governing in Europe, Effective and Democratic*, Oxford University Press, 1999.

# Chapitre premier
# LES IDÉES FAUSSES

Une idée fausse, mais claire et précise, aura toujours plus de puissance dans le monde qu'une idée vraie, mais complexe.

Alexis de Tocqueville [1]

1. *De la démocratie en Amérique, op. cit.*, p. 185.

Trop technocratique, pas assez démocratique, décidant trop tard, faisant trop peu. Les jugements sur l'Union européenne sont sévères. Nous sommes prêts à regarder ses défaillances sans complaisance. Mais, à supposer que ces reproches soient fondés, quelle est la référence de ceux qui accablent l'Europe ? Un idéal abstrait, aussi parfait qu'inaccessible ? La démocratie telle qu'elle existe dans les États qui la composent ? Si c'est le cas, comme dans l'Évangile, sans doute cherchent-ils la paille dans l'œil du voisin sans apercevoir quelque poutre dans le leur. Et l'enjeu, au niveau européen, n'est pas de dupliquer tel modèle national, si performant soit-il, mais de trouver un régime politique adapté à la diversité, dans lequel une majorité de participants puissent se retrouver.

Souvent – et c'est amusant –, même les opposants les plus farouches au fédéralisme comparent l'Union européenne aux États-Unis, l'euro au dollar. Ils rêvent de l'efficacité, de la puissance américaine sans passer par les étapes que les Américains ont franchies. C'est assez puéril. Nous y reviendrons.

En s'enferrant dans ce que le politologue autrichien Anton Pelinka appelle fort justement « l'exigence de perfection européenne [1] », en s'empêtrant dans de telles contradictions, les Européens font fausse route. D'où notre désir de poser le débat un peu différemment.

Si l'Europe traverse une phase difficile, le verre n'est pas entièrement vide, comme certains voudraient le faire croire. Les Européens ont trop tendance à méconnaître les vertus des institutions communautaires, comme à ignorer certains vices de la démocratie dans les États-nations.

## LES VERTUS MÉCONNUES DES INSTITUTIONS COMMUNAUTAIRES

### *Une critique caricaturale de la technocratie*

Les griefs à l'encontre de la technocratie européenne sont souvent exagérés : dans tous les États, des administrations sont chargées d'assister les responsables politiques. Dans son ouvrage *Le Futur de la démocratie* [2], le philosophe italien Norberto Bobbio souligne que la complexité des sociétés contemporaines n'avait pas été prévue par les inventeurs de la démocratie. Si antagoniques que soient pour lui démocratie et technocratie, il admet que l'expertise est désormais nécessaire, tout en soulignant la différence entre le pouvoir de l'expert et celui tiré de l'élection.

1. *Europa, ein Plädoyer*, Braumüller, 2011, p. 9.
2. Norberto Bobbio, *Il futuro della democrazia*, Einaudi, 1984 ; trad. fr. *Le Futur de la démocratie*, Éditions du Seuil, 2007.

Les administrations européennes sont de taille modeste ; au total, la Commission européenne compte à peu près le même nombre de fonctionnaires qu'une grande métropole. C'est même la faiblesse des moyens humains et juridiques dont elle dispose qui a causé certains problèmes graves : dans les années qui ont précédé la crise, elle n'était pas autorisée à vérifier, par exemple, l'exactitude des statistiques fournies par certains États de la zone euro.

De même, comment s'étonner que les produits importés en Europe ne remplissent pas toujours les critères environnementaux ou de sécurité requis, si les douanes restent dans les mains de services nationaux plus ou moins diligents, et mal coordonnés ? Ceux qui dénoncent « l'Europe passoire » devraient réfléchir à la question de savoir si l'Union européenne reçoit toujours les moyens des missions qu'on lui confie, y compris dans un domaine, comme l'union douanière, où elle est censée avoir une compétence exclusive.

En outre, ceux qui s'en prennent à « la bureaucratie de Bruxelles » ont rarement mené à bien ou facilité, dans leur propre pays, des réformes courageuses : ils tolèrent souvent l'empilement d'administrations locales et nationales qui coûte fort cher au contribuable, pour une efficacité qui est rarement vérifiée.

Dans tous les États européens, des autorités indépendantes contribuent aussi au renforcement de l'État de droit : les Cours des comptes, les instances de régulation chargées du respect des règles de concurrence ou de certaines libertés publiques, les conservatoires de l'environnement, par exemple, jouent un rôle essentiel. Un pays aussi attaché à la légitimation démocratique que l'Allemagne fédérale a inventé, et exporté en Europe, un modèle de Banque centrale plus indépendant que nul autre au monde et souffre qu'une Cour constitutionnelle, dont les décisions ne sont pas susceptibles de recours, soit placée au-dessus de « la volonté générale » exprimée par le Bundestag.

Dans ce contexte, il est permis de se demander si les critiques récurrentes contre la « bureaucratie » européenne – Commission, Banque centrale, agences techniques – ne cachent pas autre chose que le souci, parfaitement légitime, que l'argent public soit employé à bon escient et les administrations bien contrôlées.

Sans doute y entre-t-il aussi, pour une part au moins, un nationalisme et un provincialisme qui refusent de dire leur nom. L'invocation de valeurs fondamentales, comme la démocratie, ou de principes d'organisation politique, comme la subsidiarité [1], révèle en général moins le désir de les conforter effectivement qu'une volonté détournée de préserver des prérogatives nationales ou locales. Nous sommes intimement convaincus que ces valeurs et ces principes méritent mieux que de

---

1. Emprunté à la doctrine sociale de l'Église, entré dans le droit européen avec l'Acte unique en 1986, le principe de subsidiarité consiste, dans les matières où l'Union européenne n'a pas une compétence exclusive, à privilégier le niveau de décision le plus proche des citoyens aussi longtemps que le niveau supérieur n'est pas plus efficace. C'est donc – en théorie – un concept équilibré qui devrait permettre de faire « remonter » les décisions, quand les dimensions ou les effets de l'action envisagée justifient qu'elle soit commune, aussi bien que d'éviter une centralisation excessive. En pratique, il a surtout servi à défendre les compétences locales et nationales « contre » l'Union européenne, sans grand souci des lacunes de l'action collective.

servir de point d'appui à la résurgence de complexes de supériorité chez les uns, d'infériorité chez les autres et, au total, d'une forme de poujadisme qui bloque toute évolution.

Nous reviendrons à plusieurs reprises, dans ce livre, sur les différentes mutations du virus nationaliste qui, sous une forme atténuée, plus « politiquement correcte », n'en demeure pas moins nocif. Du repli sur soi au rejet de l'autre, il n'y a qu'un pas. Comme dit une servante de Molière congédiée par sa maîtresse [1] : « Qui veut noyer son chien l'accuse de la rage. »

### *Singularité de la construction européenne*

L'Union européenne est également victime de la subtilité de ses concepteurs. Rares sont ceux qui, aujourd'hui, mesurent la singularité de la construction communautaire.

Les institutions européennes n'entrent pas dans les grilles d'interprétation auxquelles, d'ordinaire, on les soumet, notamment celle de la séparation des pouvoirs qui, depuis Locke et Montesquieu, imprègne les esprits. Les pères fondateurs de l'Europe n'ont pas entendu créer une démocratie parlementaire « classique » où le pouvoir exécutif est contrebalancé par un pouvoir législatif, sous le contrôle du pouvoir judiciaire. Leur préoccupation première était de tenir compte de l'interdépendance, et notamment de faire prévaloir l'intérêt général européen sur l'intérêt national, d'où par

1. *Les Femmes savantes*, acte II, scène 5.

exemple la création de cet organe sans équivalent qu'est la Commission européenne.

Quoi qu'on puisse penser de telle ou telle décision de la Commission, encore faudrait-il au moins comprendre sa raison d'être et discerner ses contraintes. Elle semble d'autant plus iconoclaste que les débats politiques nationaux ignorent complètement les exigences de l'interdépendance, quand ils ne puisent pas dans le nationalisme le plus instinctif une partie de leur ressort.

Chacun peut pourtant comprendre l'utilité de confier à un acteur neutre la faculté de prendre, en amont, un certain nombre d'initiatives et de veiller, en aval, à la mise en œuvre des règles communes [1]. Faire en sorte que tous les États, « grands » ou « petits », respectent les mêmes lois et avancent ensemble, loyalement, voilà la grandeur et la servitude de sa mission. De même, la Banque centrale est indépendante pour mieux veiller à l'intérêt de l'ensemble de la zone euro, en toute impartialité. La situation économique actuelle, très contrastée d'un pays à l'autre, montre bien l'utilité d'un « pilote » unique.

Le temps n'est pas si loin où, sur ce continent, les États de taille modeste étaient contraints de subir la loi des plus forts ou du moins de faire allégeance à l'un d'eux, pour se protéger. Pour les citoyens des « petits » États, l'Europe a donc apporté une « égalité des conditions » qui, pour passer inaperçue aujourd'hui, n'en est pas moins historiquement remarquable.

La Commission européenne dérange parce que, du moins quand elle fait bien son travail, elle est capable

1. Nous entendons le mot « mise en œuvre » dans son sens le plus fort, équivalent au terme anglais « *enforcement* ».

de mettre en discussion des sujets délicats et de remettre à leur place les gouvernements indélicats. Dans une certaine mesure, il est même bon signe qu'elle dérange.

On lui reproche de n'être pas élue mais si elle était prise dans des jeux partisans, comment pourrait-elle se tenir au centre du jeu ? Une Commission « de gauche » pourrait-elle valider la politique d'un gouvernement socialiste sans être soupçonnée de favoritisme ? Ou rejeter le budget d'un gouvernement « de droite » sans être considérée comme partiale ? Et l'inverse serait tout aussi vrai.

Les fois où des considérations idéologiques ont pris le dessus sur la neutralité, comme quand, dans la seconde moitié des années 2000, la Commission européenne s'est abstenue de légiférer pour réguler le secteur financier, elle n'a pas gagné en crédibilité.

Des ambitions inédites, des institutions singulières… L'entreprise européenne exige à l'évidence des efforts tout à fait particuliers de la part de ceux qui y participent. Certains hommes d'État l'ont compris, comme Carlo Azeglio Ciampi, le président du Conseil qui a permis, par sa détermination, que l'Italie soit membre de la zone euro dès la création de la monnaie unique [1].

Exhortant les gouvernants à tirer les conséquences, l'actuel président de la République italienne Giorgio Napolitano a déclaré dans son discours au collège d'Europe à Bruges, en 2011 : « Aucune force politique italienne ne peut continuer à gouverner, ni prétendre accéder au pouvoir, sans avoir conscience que, dans

1. Voir *Dall'Europa all euro, dall'euro all'Europa,* a cura di Fabrizio Galimberti, Treves, 2005.

l'intérêt national et européen, elle aura à prendre des décisions qui pourront être impopulaires. » Et, citant une déclaration de Guido Carli [1], après la signature du traité de Maastricht, en 1992 : « La classe politique italienne ne s'est pas rendu compte qu'en approuvant le traité, elle a accepté un changement d'une ampleur telle qu'elle ne l'aurait pas accompli par elle-même. »

Les experts qui observent l'Europe à distance, avec plus de recul, ont relevé le phénomène : ainsi, la politologue américaine Vivien Schmidt considère que la difficulté de l'Union européenne « ne réside pas tant dans les changements imposés aux démocraties nationales que dans le fait que ces changements n'ont été ni reconnus, ni acceptés. [...] Les dirigeants des grands partis ont eu tendance à s'accrocher aux idées traditionnelles sur la démocratie dans leur pays, comme si rien n'avait changé, alors que tout avait changé. [...] Cela contribue au désenchantement vis-à-vis de l'Europe [2]. »

### *Des garanties démocratiques*

Enfin, loin d'échapper à tout contrôle, comme le prétend la légende, la Commission européenne est placée sous la surveillance étroite du Parlement européen. Depuis qu'il est élu au suffrage universel direct, un certain équilibre des pouvoirs existe tout de même, et n'a cessé d'être renforcé.

---

1. Guido Carli a été gouverneur de la Banque d'Italie de 1960 à 1975.

2. *Democracy in Europe, The EU and National Polities*, Oxford University Press, 2006, p. 56 ; trad. fr. *La Démocratie en Europe*, Éditions La Découverte, 2010.

Les députés européens auditionnent, avant leur nomination, les candidats qui ont été sélectionnés par les gouvernements nationaux pour devenir commissaires. L'entretien, public, dure plusieurs heures. Il est déjà arrivé qu'en raison de conflits d'intérêt potentiels, de manque de compétence ou de doute sur l'attachement aux valeurs communes, certains candidats soient écartés. Au niveau national, les futurs ministres ne sont pas soumis à de tels tests préalables. Seraient-ils tous, sans exception, beaucoup plus compétents, engagés et honnêtes que les personnes amenées à exercer des responsabilités « à Bruxelles » ?

Le Parlement peut aussi censurer la Commission européenne à tout moment. Ces événements sont déjà un peu anciens mais il n'est pas mauvais de rappeler à ceux qui dénoncent sans cesse le « déficit démocratique » européen qu'en 1999, tout le collège des commissaires, présidé par Jacques Santer, a donné sa démission lorsqu'il est apparu que le Parlement s'apprêtait à voter la défiance pour une négligence qui relevait pourtant de la responsabilité d'une seule d'entre eux.

Rappelons qu'à l'inverse, certains gouvernements nationaux désavoués lors de référendums sur des questions européennes, par exemple en 2005, sur le traité portant Constitution, n'ont pas cru devoir quitter le pouvoir.

Souvent, l'Union européenne protège les citoyens contre les erreurs ou l'inertie de leurs propres gouvernements. C'est la Commission qui, en 2003, a tiré la sonnette d'alarme devant les dérives budgétaires de la France et de l'Allemagne. Néanmoins, avec la complicité de l'Italie qui exerçait alors la présidence du Conseil des ministres des Finances, les deux pays ont échappé aux sanctions qu'aurait justifiées leur conduite [1].

En 2011, c'est le Parlement européen qui a renforcé les règles de la « gouvernance » de l'euro [2], quand certains gouvernements cherchaient encore à échapper à la discipline collective. En matière économique comme en matière environnementale (avec par exemple le protocole de Kyoto destiné à limiter l'émission de gaz à effet de serre), c'est souvent l'Europe qui a pris la défense des jeunes générations et des enfants à naître contre les lobbies industriels nationaux.

Le secteur de la concurrence offre des exemples de deux ordres : la politique de concurrence est d'abord l'un des rares instruments dont dispose l'Europe pour asseoir sa puissance dans le monde. Quand en 2001, malgré les pressions exercées par le président Bush, la Commision européenne a interdit la fusion General Electric-Honeywell déjà autorisée par l'agence anti-trust américaine, le rapprochement a avorté : le seul fait que le nouveau groupe n'aurait pas pu vendre ses produits en Europe a dissuadé les entreprises américaines. La politique de concurrence a aussi des effets favorables

1. C'est le Conseil Ecofin (composé des ministres des Finances de tous les pays de l'Union européenne) qui se prononce sur les projets de budgets nationaux, sur la base de rapports rédigés par la Commission. Les ministres avaient à l'époque la possibilité de bloquer une procédure contre un État et ne se sont pas privés de procéder à des « échanges de faveur », contre l'avis de la Commission.

2. En adoptant les règles contenues dans un ensemble de six textes appelé en anglais « 6 pack » (publiés au Journal officiel de l'UE, L 306, le 23 novembre 2011).

pour le consommateur, comme l'a montré le secteur de la téléphonie mobile par exemple.

La classe politique nationale n'aime guère qu'on le rappelle, les médias ne l'expliquent pas mais la rigueur intellectuelle commande de souligner ce que l'Union européenne, malgré ses faiblesses et ses défauts, nous apporte. Elle est en réalité ce que nous en faisons : respectée quand les gouvernements européens la dotent des moyens de remplir sa mission et la respectent, négligée s'ils la négligent eux-mêmes.

## LES VICES CACHÉS DE LA DÉMOCRATIE NATIONALE

La démocratie, telle que nous pouvons en observer le jeu dans nos États, n'est pas parfaite. Faut-il s'en étonner ? Ni Montesquieu ni Tocqueville n'ont jamais eu la naïveté de le penser. Ce dernier n'a d'ailleurs pas étudié la démocratie américaine pour en faire le panégyrique mais pour dépister les périls que ce régime politique peut faire courir à la liberté.

Dans la perspective qui nous intéresse, il est particulièrement important de prendre conscience de trois de ses imperfections : la tyrannie du court terme, la montée de l'individualisme, l'ambiguïté de la politisation.

### *La tyrannie du court terme*

Que la pression électorale incite trop souvent à sacrifier l'avenir au présent a déjà été vu depuis longtemps, par Condorcet par exemple ou, plus près de nous, par le président du Conseil italien d'après guerre, Alcide De Gasperi, qui avait l'habitude de dire : « Un homme politique pense à la prochaine élection, un homme d'État à la prochaine génération. »

Les preuves de dérives ne manquent pas : en matière économique, par exemple, la dévaluation a longtemps été l'outil privilégié des gouvernants français et italiens qui recherchaient la compétitivité au moindre effort. Ils espéraient ainsi éviter les réformes, douloureuses à court terme, bénéfiques à moyen terme, permettant aux entreprises de créer des produits innovants, résistant mieux à la concurrence des pays à bas coûts de production. L'inflation – invisible et, en apparence, indolore – a aussi longtemps été utilisée pour réduire les dettes, au détriment des citoyens les plus modestes.

C'est notamment sous l'influence heureuse de l'Allemagne que les autres pays européens ont peu à peu adopté des approches plus exigeantes, plus « structurelles » disent les économistes, privilégiant les progrès de long terme sur la facilité. Mais même les tenants de la discipline ont parfois cédé aux sirènes du court terme : quand, en 1996, le Pacte de stabilité et de croissance a été adopté, le but était de donner des gages à l'opinion publique des États à monnaie forte. Des critères draconiens d'encadrement du déficit public et de la dette publique ont alors été fixés [1] mais sans que les conditions du respect *durable* de ces critères aient été créées. Les gouvernements ont notamment négligé d'encourager les

1. Par exemple, pas plus de 3 % de déficit par raport au PIB (règle connue en Allemagne sous le slogan *« drei komma null »*, qui insiste sur le zéro après la virgule : 3,0).

investissements productifs, tournés vers l'avenir. Nous aurons l'occasion d'y revenir.

Il est vrai que, souvent, les gouvernements qui ont mené des réformes dans une perspective de long terme ont été chassés du pouvoir. Ce sont les successeurs qui en recueillent le fruit alors même qu'ils les avaient parfois combattues quand ils étaient dans l'opposition.

Les textes destinés à renforcer la gouvernance économique de la zone euro (le « 6 pack » précité), adopté fin 2011, ainsi que le « Traité sur la stabilité, la coordination et la gouvernance au sein de l'Union économique et monétaire », signé par vingt-cinq États membres le 2 mars 2012 [1], encouraient le même risque. C'est pourquoi il est important qu'ils aient été complétés par un plan destiné à stimuler la croissance. Coucher sur le papier un rythme drastique de réduction de la dette publique est facile mais, si cet engagement ne s'accompagne pas de politiques économiques tournées vers l'avenir, créatrices de richesses, les chances effectives de rembourser la dette sont réduites.

Inscrire l'action politique dans la durée est une condition de la crédibilité des politiques économiques et, en soi, un facteur de croissance : la croissance saine et durable s'obtient en expliquant aux citoyens et aux marchés la politique économique à laquelle le gouvernement a l'intention de se tenir, et en la maintenant dans le temps.

Confrontés à deux conflits mondiaux successifs, les hommes de l'après-guerre comprenaient mieux que

1. Par commodité, nous l'appellerons ensuite « traité budgétaire ».

notre génération l'importance de bâtir « du solide », de travailler sur le long terme. Les institutions nationales et européennes qu'ils ont façonnées en portent la marque. Ainsi Jean Monnet a-t-il été à la fois responsable, à Paris, du Commissariat au plan, chargé de concevoir une stratégie de reconstruction de la France, et le promoteur, puis le premier président, de la Haute Autorité du charbon et de l'acier, préfiguration de la Commission européenne.

« S'il n'y a pas des "prêtres du temps long" [*sic*], s'il n'y a pas des gens chargés de la prise en compte des intérêts structurels de la nation, au-delà des relèves et des rythmes de la classe politique, quelque chose de fondamental manque dans un pays », écrivait l'un des hauts fonctionnaires de cette époque, Simon Nora [1].

Ce cap est d'autant plus dur à tenir que la tyrannie du court terme frappe non seulement le monde politique, obnubilé par les échéances électorales, mais aussi le secteur privé, avide de profit. Dans son ouvrage *Non aux 30 douloureuses* [2], Augustin de Romanet, ancien directeur général de la Caisse des dépôts et consignations, s'alarme de voir les actionnaires rechercher une rentabilité immédiate au lieu d'accompagner des projets industriels dans la durée. L'innovation nécessitant parfois des années de recherche et de développement, la promotion de l'investissement de long terme est primordiale. Il relève un chiffre frappant pour comprendre l'accélération à laquelle l'économie est confrontée : « Alors que la durée

1. Cité par Pierre Rosanvallon, *La Légitimité démocratique*, Éditions du Seuil, « Points Essais », 2008, p. 89 et 113.

2. Éditions Plon, 2012, p. 40.

moyenne de détention d'une action était de sept ans en 1987, elle ne dépassait pas quelques mois en 2007. »

La difficulté se double du fait que, dans une crise, le souci du long terme doit être mis en balance avec la nécessité de répondre à l'urgence. Ces impératifs contradictoires compliquent la recherche du bon équilibre. Mais quoi qu'il en soit, ce n'est pas par la diabolisation de l'expertise mais par une juste combinaison de la technocratie et de la démocratie que l'action politique pourra trouver une meilleure pertinence temporelle : la réactivité dans l'urgence, l'anticipation du temps long.

## *La « rouille » de l'individualisme*

Les démocraties en Europe, mais aussi dans d'autres pays du monde, souffrent du matérialisme ambiant qui encourage l'individualisme. Des privilégiés, arc-boutés sur des avantages acquis, tentent d'empêcher les réformes. Pour Tocqueville, l'égoïsme individuel est comme « la rouille des sociétés [1] ». Il fait observer combien il importe de faire sentir à chacun les devoirs qu'il a à remplir envers la collectivité.

Avec quelle prescience, observant la prospérité américaine, il affirme : « Si les citoyens continuent de s'enfermer de plus en plus étroitement dans le cercle des petits intérêts domestiques, et à s'y agiter sans repos, on peut appréhender qu'ils finissent par devenir comme inaccessibles à ces grandes et puissantes émotions publiques

1. *De la démocratie en Amérique*, *op. cit.*, p. 315.

qui troublent les peuples mais qui les développent et les renouvellent.

« Je tremble, je le confesse, qu'ils ne se laissent enfin si bien posséder par un lâche amour des jouissances présentes, que l'intérêt de leur propre avenir et de celui de leurs descendants disparaisse, et qu'ils aiment mieux suivre mollement le cours de leur destinée que de faire au besoin un soudain et énergique effort pour le redresser [1]. »

Dans le même ordre d'idées, un journaliste américain contemporain, Nathan Gardels, a récemment utilisé l'image très parlante de la « culture américaine du Coca light » *(« America's diet coke culture »)* pour désigner un jeu démocratique où « les gens veulent la consommation sans épargne et une puissance publique sans impôts, exactement comme ils veulent des sucreries sans sucre [2] ».

## *L'ambiguïté de la « politique »*

Le mot « politique » est ambigu. Il désigne les plus nobles actions, les dévouements les plus admirables à la chose publique, comme les pires compromissions et faillites. La remarque vaut pour les États comme pour le niveau européen.

Au niveau national, le jeu politique peut vite tourner à un affrontement « guelfes contre gibelins », obligeant chacun à choisir un camp, au mépris de la rigueur intel-

1. *Ibid.*, p. 781.

2. Nathan Gardels, « Mario Monti's depoliticized democracy in Italy », *Los Angeles Times/Huffington Post*, 2 mars 2012.

lectuelle et au détriment de l'intérêt collectif. Ce n'est sans doute pas un hasard si les démocraties du Nord de l'Europe, plus apaisées que celles du Sud, ont mené à bien des réformes difficiles en forgeant de larges consensus : des gouvernements de coalition, voire de « grande coalition [1] », des syndicats plus ouverts au dialogue ont permis un jeu politique moins conflictuel, plus fécond.

Dans un certain nombre d'États membres où telle n'est pas la tradition, la crise a suscité la constitution de gouvernements d'union nationale destinés à rassurer les investisseurs et les partenaires européens. Ces efforts méritent d'être portés au crédit des partis politiques qui l'ont rendue possible en faisant preuve d'un grand sens des responsabilités.

Il était temps : les coûts de l'indécision, les divisions stériles nourrissent déjà l'impatience des peuples en souffrance. Demain, si nous n'y prenons pas garde, ils alimenteront peut-être leur révolte. Si la confrontation d'idées est la marque même de la démocratie, les citoyens supportent de moins en moins d'entretenir, par leurs impôts, une classe politique dont non seulement la valeur *ajoutée* n'est pas prouvée mais qui, par ses luttes intestines, *réduit* le potentiel du pays, alors même qu'elle devrait œuvrer au bien-être collectif : au-delà des avantages dont jouissent certains élus nationaux ou locaux, le coût le plus dispendieux de la « politique » est celui que génèrent peu à peu la procrastination et l'impéritie.

---

1. En Allemagne, une grande coalition *(große Koalition)* rassemble les deux principales forces politiques du centre droit (CDU/CSU) et du centre gauche (SPD), comme par exemple entre 2005 et 2009.

Il n'est pas souhaitable que « l'Europe » finisse par jouer le rôle que tenait, dans les communes italiennes du Moyen Âge, le « podestat » étranger, ce tiers compétent et neutre qui était appelé à la rescousse pour gouverner une ville lorsque les autorités locales étaient trop déchirées pour agir [1].

Outre que ces interventions « externes » détériorent l'image de l'Europe réduite à un « père fouettard », la mission est impossible : la recherche d'une impartialité « importée », *via* les podestats, s'est révélée vaine, aux XI^e^ et XII^e^ siècles, dans la péninsule [2].

C'est aux régimes démocratiques de se doter des garde-fous moraux et des règles garantissant une prise de décision efficace et impartiale, dans l'intérêt du pays. C'est notamment à la classe politique nationale de prendre ses responsabilités sur les questions européennes, en assurant une information moins biaisée.

La fâcheuse tendance des responsables nationaux à se défausser sur l'Union européenne a déjà été dénoncée à maintes reprises. Le journal britannique *Financial Times*, qui n'est pourtant pas avare de critiques envers l'Union européenne, écrivait peu après les référendums en France et aux Pays-Bas : « Arrêtez de mentir sur l'UE. L'honnêteté est nécessaire pour restaurer sa crédibilité. » Avant d'ajouter que « les "non" français et hollandais sont aussi le résultat d'une longue histoire d'information faussée et d'outrance systématique de la part des

1. Comme l'a fait la Banque centrale européenne en envoyant, en août 2011, une lettre détaillée au gouvernement de Silvio Berlusconi, énumérant un certain nombre de mesures à prendre.

2. Voir Pierre Rosanvallon, *La Légitimité démocratique*, *op. cit.*, p. 176.

gouvernements. Si les gouvernements nationaux ont l'habitude d'imputer leurs erreurs à des interférences de Bruxelles, nul ne doit être surpris que les électeurs finissent par y croire [1]. »

De manière aussi lapidaire qu'amusante, le journaliste Philippe Riès écrivait dès 2008, à propos de l'euro : « Un homme politique avisé ne sort jamais sans son bouc émissaire [2]. » Nous ne nous attarderons donc pas sur ce point.

Un autre phénomène, rarement évoqué, mérite en revanche plus d'attention : la volonté de satisfaire l'électorat national, la tentation de le conforter dans ses réflexes parfois pavloviens (par exemple la demande de « discipline » en Allemagne, le rejet de « la concurrence » en France) empêchent souvent les hommes politiques nationaux d'identifier avec objectivité ce que sont les véritables intérêts du pays.

Il serait regrettable que certains partis pris déterminent les politiques de l'Union européenne pour la simple raison que leur objectif serait, en quelque sorte, d'« indemniser » une opinion publique qui, à tort, se considère comme « pénalisée » par la participation à l'intégration européenne. S'agissant par exemple du choix discipline/croissance qui est au centre des débats en ce moment, une information moins biaisée ferait apparaître que le « sauvetage de la Grèce » ou certaines mesures qui devraient être prises pour stabiliser les

---

1. Cité par Mario Monti, « Il processo all'Europa, le prospettive del dopo referendum », *Corriere della Sera*, 14 juillet 2005.

2. *L'Europe malade de la démocratie*, Éditions Grasset, 2008, p. 61.

marchés, sont dans l'intérêt des populations mises à contribution : soit indirectement parce que la stabilité de la zone euro tout entière est en cause, soit directement parce que les conséquences subies par les banques nationales se répercuteraient sur les économies des pays du Nord. Faute de quoi ce sont des perceptions erronées, et non une analyse objective de la réalité, qui finissent par commander les décisions.

Ainsi, il est frappant que l'Italie soit parfois rangée par les médias du Nord de l'Europe [1] parmi les États « débiteurs » alors même que le pays n'a pas demandé de secours et contribue au sauvetage de la Grèce (sans même que son secteur bancaire y soit engagé, contrairement aux banques françaises et allemandes).

Au lieu de demander aux citoyens de faire preuve de « solidarité », en confortant plus encore leur impression qu'ils « paient trop pour les autres », mieux vaudrait leur expliquer pourquoi, au nom de ce qu'on pourrait appeler un « égoïsme éclairé », ils ont intérêt à payer pour eux-mêmes. Se conformer à ce que Tocqueville appelait, dans un autre contexte, une « doctrine de l'intérêt bien entendu [2] » nous paraît plus sain qu'alterner le matraquage d'idées fausses et d'appels au bon cœur.

Si les gouvernements démontraient que chacun gagne à coopérer parce que l'interdépendance est une réalité, le ressentiment céderait la place à une acceptation moins

---

1. Par commodité, il nous arrivera d'employer dans cet ouvrage les termes Nord/Sud souvent utilisés depuis le début de la crise. Nous avons toutefois conscience que, parfois, ils dissimulent des simplifications abusives.

2. *De la démocratie en Amérique*, *op. cit.*, p. 636.

contrainte, et dès lors plus durable, de l'engagement mutuel.

Au niveau européen, la demande de plus de « politique » est assez étrange. D'une part parce qu'elle fait peu de cas du caractère intrinsèquement politique, depuis les origines, du projet européen, même s'il a emprunté les chemins détournés de la Communauté du charbon et de l'acier puis du marché commun.

D'autre part, parce que l'expérience prouve que « plus de politique » a souvent signifié moins de rigueur et plus de problèmes : les marchandages politiciens détruisent la confiance dans les institutions communes ; les amabilités entre voisins et partenaires, les « renvois d'ascenseurs » entre partis frères incitent à accueillir dans la zone euro un État qui ne remplit pas tout à fait les critères requis, à fermer les yeux sur un déficit ou encore à ignorer une bulle immobilière malsaine.

Et cette complaisance se paie très cher. Quoi qu'en disent les populistes, la tâche des gouvernants n'est pas de suivre aveuglément les pulsions des peuples. L'un des pères fondateurs des États-Unis d'Amérique, auteur de plusieurs des *Federalist Papers* précités, Alexander Hamilton, savait opérer une juste distinction entre les exigences de la démocratie et les dérives de la démagogie [1]. Nous ne résistons pas au plaisir de citer cette page magnifique : « Que les opinions du peuple, quand elles sont raisonnables et mûries, dirigent la conduite de ceux auxquels il confie ses affaires, c'est ce qui résulte de l'établissement d'une constitution républicaine ; mais les

1. *Federalist Papers*, n° 71, cité et traduit par Tocqueville dans *De la démocratie en Amérique*, *op. cit.*, p. 171.

principes républicains n'exigent point qu'on se laisse emporter au moindre vent des passions populaires ni qu'on se hâte d'obéir à toutes les impulsions momentanées que la multitude peut recevoir par la main artificieuse des hommes qui flattent ses préjugés pour trahir ses intérêts.

« Le peuple ne veut, le plus ordinairement, qu'arriver au bien public, cela est vrai ; mais il se trompe souvent en le cherchant. Si on venait lui dire qu'il juge toujours sainement les moyens à employer pour produire la prospérité nationale, son bon sens lui ferait mépriser de pareilles flatteries ; parce qu'il a appris par l'expérience qu'il lui est arrivé quelquefois de se tromper ; et ce dont on doit s'étonner, c'est qu'il ne se trompe pas plus souvent, poursuivi comme il l'est toujours par les ruses des parasites et des sycophantes ; environné par les pièges que lui tendent sans cesse tant d'hommes avides et sans ressources, déçu chaque jour par les artifices de ceux qui possèdent sa confiance sans la mériter ou qui cherchent plutôt à la posséder sans s'en rendre dignes.

« Lorsque les vrais intérêts du peuple sont contraires à ses désirs, le devoir de tous ceux qu'il a préposés à la garde de ses intérêts est de combattre l'erreur dont il est momentanément la victime afin de lui donner le temps de se reconnaître et d'envisager les choses de sang-froid. Et il est arrivé plus d'une fois qu'un peuple, sauvé ainsi des fatales conséquences de ses propres erreurs, s'est plu à élever des monuments de reconnaissance aux hommes qui avaient eu le magnanime courage de s'exposer à lui déplaire pour le servir. »

## Conclusion

L'attitude qui consiste à accabler « la bureaucratie de Bruxelles » est non seulement erronée, parce qu'elle est en général plus modeste et plus utile qu'on ne veut bien l'admettre, mais surtout insignifiante, parce qu'elle n'apporte aucune solution à la hauteur des enjeux du moment. Une fois admis que l'Europe communautaire n'est pas une abomination et que l'État-nation ne touche pas davantage à la perfection, nous sommes tout à fait prêts à regarder en quoi le verre de la démocratie européenne demeure à moitié vide : instaurer « la démocratie par le peuple » suppose d'établir l'égalité des conditions parmi ses membres – laquelle, à ce jour, est loin d'être réalisée.

# Chapitre 2

## La démocratie par le peuple

> Une grande révolution démocratique s'opère parmi nous ; tous la voient, mais tous ne la jugent point de la même manière. Les uns la considèrent comme une chose nouvelle, et, la prenant pour un accident, ils espèrent pouvoir encore l'arrêter ; tandis que d'autres la jugent irrésistible.
>
> Alexis de Tocqueville [1]

1. *De la démocratie en Amérique*, *op. cit.*, p. 4.

Pour les révolutionnaires français ou américains, et encore à l'époque de Tocqueville, la démocratie, c'est l'égalité des conditions politiques qui consiste à abolir les privilèges de caste et à donner le droit de vote à chaque citoyen (de sexe masculin et, aux États-Unis, blanc de peau).

Tocqueville considère que l'égalité donne aux hommes « le goût des institutions libres ». Chacun veut, selon lui, « un gouvernement dont il a élu le chef et contrôle les actes. »

## L'IMPÉRATIF D'ÉGALITÉ

« Un homme, une voix, écrit Pierre Rosanvallon, il n'y a pas de formulation plus simple et plus universellement acceptée de la notion d'égalité. Alors que l'égalisation des individus reste, dans tous les domaines, problématique, elle semble trouver dans l'ordre politique une expression évidente. Nul ne songerait à discuter qu'en termes de droit de suffrage, l'égalité arithmétique la plus élémentaire soit la seule expression adéquate d'une juste répartition des droits. »

Dans l'Union européenne, le premier principe de la Déclaration des droits de l'homme et du citoyen de 1789, l'égalité des citoyens (« Les hommes naissent et demeurent libres et égaux en droits »), tout comme l'article 9 du traité sur l'Union européenne (« L'Union respecte le principe d'égalité de ses citoyens ») demeurent largement théoriques : comme sous l'Ancien Régime, les Européens subissent, lors des scrutins électoraux et référendaires, une distinction tirée de la naissance ; ils ne votent pas « par tête » (« un homme, une voix ») mais par « ordre », enfermés dans leur nation d'origine, *natio* et *natus* ayant du reste la même racine étymologique.

Comment les citoyens européens pourraient-ils croire à la *« communauté de destin »* européenne qu'évoquent tant de beaux discours s'il ne leur est jamais donné de vivre ensemble de grands moments démocratiques ?

Si grande que soit la part de symbole, voire de fiction, dans la démocratie représentative, « le suffrage universel inscrit l'imaginaire collectif dans un nouvel horizon : celui d'une équivalence à la fois immatérielle et radicale entre les hommes. *Il produit la société elle-même* [1] », écrit Pierre Rosanvallon.

Tous les cinq ans se tiennent certes des élections européennes : depuis 1979, « le Parlement européen est composé de représentants des citoyens de l'Union [2] » et non plus de députés nationaux dépêchés à Bruxelles pour des réunions épisodiques. Cette élection au

1. *La Société des égaux*, Éditions du Seuil, 2011, p. 55. (C'est Pierre Rosanvallon qui souligne.)

2. Article 14 du traité sur l'Union européenne.

suffrage universel direct confère au Parlement européen une légitimité sans équivalent parmi les institutions européennes.

Toutefois, même le scrutin pour le Parlement européen est cloisonné : les modalités de vote diffèrent selon les États ; les députés européens sont élus dans des circonscriptions nationales (ou régionales, mais toujours à l'intérieur d'un État) ; quand il s'agit de listes sans expression de préférences, la sélection des candidats relève des états-majors des partis nationaux, rarement soucieux de faire émerger des personnalités tournées vers l'Europe, quand ils ne sont pas occupés à recaser des éclopés de la vie politique nationale. Trop souvent, les campagnes électorales européennes portent sur les sujets nationaux, au point que les candidats désireux de parler d'Europe déroutent et dérangent.

Dans le fonctionnement du Parlement européen subsistent ouvertement des interférences nationales : des « délégations nationales » jouent un rôle, dans la plupart des groupes politiques, pour attribuer certains postes et définir les orientations de vote. Ce sont des courroies de transmission privilégiées des instructions des gouvernements ou des divers lobbies nationaux. Certes, à la Chambre des députés à Rome, à l'Assemblée nationale à Paris, comme dans bien d'autres États, les députés cultivent aussi des liens plus étroits avec leur région d'origine ou avec certains milieux professionnels mais, pour autant, les constitutions nationales les soustraient, en droit au moins, aux pressions qui les détourneraient de l'intérêt de la nation entière. C'est ce qu'on appelle l'interdiction du mandat impératif[1].

Le règlement intérieur du Parlement européen (article 2) pose le même principe mais avec moins de force. Et l'immensité de l'UE à vingt-sept comme la diversité linguistique encouragent les députés à se sentir dépositaires d'un intérêt plus étroit. Travaillent ainsi au sein du Parlement européen des députés très européens et d'autres, infiniment moins indépendants des États, qui ne rehaussent pas sa crédibilité.

La perméabilité du Parlement européen aux considérations nationales a des conséquences très concrètes quand cette institution doit, par exemple, donner un avis avant une nomination : au mépris du mérite ou de l'égalité hommes/femmes, certains députés soutiennent des candidats sur ces critères ouvertement nationaux. Le résultat, pour la collectivité, est déplorable : au lieu de sélectionner le talent ou de veiller au respect de principes supérieurs, le poste échoit au « poulain » de telle ou telle « écurie » régionale.

Si, un jour, des élections authentiquement *européennes* étaient enfin organisées, en donnant sa chance à un débat *européen*, en vue d'élire des députés invités à exercer des responsabilités pour cinq cents millions

1. Ainsi, la Constitution italienne prévoit que « chaque membre du Parlement représente la nation et exerce ses fonctions sans mandat impératif » (article 67) ; la Loi fondamentale allemande dispose à son article 38 que « les députés du Bundestag allemand sont […] les représentants de l'ensemble du peuple, ne sont liés ni par des mandats, ni par des instructions et ne sont soumis qu'à leur conscience ». En France, le principe est posé que « tout mandat impératif est nul » (article 27).

d'*Européens*, les électeurs croiraient plus volontiers à l'existence d'une démocratie *européenne* et iraient sans doute voter avec plus d'entrain [1].

Au Parlement européen, le principe « *one man one vote* » se heurte en outre aux grandes disparités de population : les États les moins peuplés, comme Malte ou le Luxembourg par exemple (avec 6 députés pour respectivement 400 000 et 520 000 habitants), sont actuellement surreprésentés par rapport à l'Allemagne (99 députés pour 82 millions d'habitants), la France (74 députés pour 65 millions d'habitants) ou encore l'Italie (73 députés pour 60 millions d'habitants).

Cette particularité s'explique par des raisons historiques qui sont rarement rappelées. À l'origine, les pères fondateurs ont voulu l'égalité entre les « grands pays » (Allemagne fédérale, France et Italie) afin de tourner la page de la guerre : cette égalité vaut « au Conseil comme à l'Assemblée [parlementaire] [2], et dans toutes les institutions actuelles ou ultérieures, que la France y entre avec l'Union française [son empire], que l'Allemagne soit celle de l'Ouest ou qu'elle soit réunifiée [3] ». Dans ses *Mémoires*, Jean Monnet raconte en ces termes comment il a convaincu le chancelier allemand Adenauer : « L'esprit de discrimination a été la cause des plus grands malheurs du monde, la Communauté est

1. Voir notamment les propositions faites par le député européen Andrew Duff, tendant à faire élire une partie du Parlement européen sur des listes qui ne seraient plus nationales, dans « On governing Europe », Policy network, septembre 2012.
2. Nom du Parlement européen de l'époque.
3. Jean Monnet, *Mémoires*, Fayard, 1988, p. 414 et 415.

un effort pour le faire reculer. » Le chancelier accepte cette offre, malgré son entourage qui voulait une représentation en rapport avec la production allemande de charbon et d'acier : « Vous savez combien je suis attaché à l'égalité des droits pour mon pays dans l'avenir [...] et quelle condamnation je porte sur les entreprises de domination où il a été entraîné par le passé. Je [...] ne conçois pas de communauté hors de l'égalité totale [entre États]. »

Dans une Union qui se veut plus démocratique, le principe « un homme, une voix » doit-il s'appliquer dans toute sa simplicité ?

L'argument ne manque pas de force. Égaliser artificiellement les différences, au mépris du nombre, ne fait que reporter les difficultés dans le temps, en donnant des arguments à ceux qui contestent ensuite la légitimité des institutions concernées. Même si la question se pose en des termes légèrement différents dans un organe comme la Banque centrale européenne, il est symptomatique que le président de la Bundesbank, pourtant si sourcilleux sur le respect des dispositions du traité, conteste la composition du Conseil des gouverneurs de la BCE où l'Allemagne possède une voix, comme des pays infiniment moins peuplés.

Jens Weidmann est allé jusqu'à déclarer dans un entretien à l'occasion du 55e anniversaire de la Bundesbank : « En termes de pondération des voix, je ne dirais pourtant pas que [la Bundesbank] est seulement l'une des dix-sept Banques centrales de l'Eurosystème. Nous sommes la Banque centrale la plus grande et la plus importante, ce qui justifie que nous ayons davantage notre mot à dire. » Mieux vaudrait éviter que, comme dans la fable de George Orwell, *La Ferme des animaux*, l'histoire se termine par l'affirmation : « Tous les animaux sont égaux mais certains sont plus égaux que d'autres [1]. »

Revendiquer l'application du principe *« one man one vote »* revient à négliger deux aspects importants. D'abord, jusqu'à ce jour, l'Union européenne a reposé sur deux sources de légitimité : les États et les citoyens. C'est pourquoi, par exemple, le traité de Lisbonne prévoit une double majorité ; pour adopter un texte au Conseil des ministres, il faut réunir au moins 55 % des États membres du Conseil, représentant au moins 65 % de la population de l'Union européenne.

Retenir seulement le poids démographique serait donc un changement considérable, touchant à la nature même de l'Union européenne. Ce changement est possible mais encore faudrait-il en prendre la mesure avant d'asséner des arguments tirés de la « démocratie ». La légitimité qui serait gagnée dans les pays peuplés (et sans doute n'est-ce pas un hasard si la Cour constitutionnelle de la République fédérale trouve le principe « un homme, une voix » à son goût) pourrait fort bien être perdue dans ceux qui le sont moins.

En second lieu, des peurs liées à l'histoire existent encore dans les inconscients. Brandir l'argument abstrait de la « démocratie » sans voir ces rémanences pourrait causer bien des dégâts.

Nous sommes pour notre part convaincus que la question de l'égalité ne peut être dissociée de celle, infi-

1. Éditions Gallimard, « Folio bilingue », 1994, p. 259.

niment plus complexe, du « peuple » européen que nous aborderons un peu plus loin dans ce chapitre.

### *Des référendums inégalitaires*

Rien n'est en tout cas plus inégalitaire que les consultations référendaires, comme celles qui ont été organisées dans certains pays – en 1992 pour la ratification du traité de Maastricht, en 2005 pour la ratification du traité établissant une constitution pour l'Europe ou encore en 2008 sur le traité de Lisbonne. Aux uns, on a donné la parole, aux autres on l'a refusée, bien qu'il s'agisse de sujets d'intérêt commun. Aussi ces consultations ont-elles été en définitive une source de ressentiment. Comment, en 2005, départager deux « non » (en France et aux Pays-Bas) et deux « oui » (en Espagne et au Luxembourg), tous exprimés par référendum ? Les « non » l'emportent-ils parce qu'ils rejettent le texte proposé ? Les « oui » sont-ils moins respectables parce qu'ils l'approuvent ? Sans compter les votes positifs exprimés par les Parlements nationaux, selon les procédures constitutionnelles en vigueur, lesquels méritent aussi le respect et la considération.

Il est impossible d'admettre que, de manière récurrente, la volonté d'une majorité d'États membres représentant une majorité, voire une immense majorité, des citoyens concernés puisse être tenue en échec par un État, ou un groupe d'États, minoritaire. Cela reviendrait à vouer l'Union européenne à l'impuissance et, sous couvert de démocratie, à réduire la démocratie à néant.

Les solutions de fortune destinées à amener des pays ayant voté non à changer d'avis donnent l'impression que l'Europe cherche à s'imposer de force et de manière asymétrique : de force, en exigeant des citoyens d'un pays qu'ils se prononcent deux fois de suite sur le même texte ; de manière asymétrique, en faisant aux citoyens consultés par référendum, pour obtenir finalement leur approbation, des concessions particulières qui ne sont pas soumises aux citoyens des autres États membres ayant déjà ratifié ce traité. Les assurances données au gouvernement irlandais, en décembre 2008, pour l'amener à revenir dans le giron européen, offrent un bon exemple du dilemme auquel on aboutit : si les déclarations du Conseil européen destinées à prendre en compte les préoccupations du peuple irlandais n'ont aucune portée substantielle, le second référendum équivaut à un exercice de pression sur une opinion publique censée « ne pas avoir bien compris » la première fois. Si, en revanche, ces déclarations ont une portée réelle, alors ce sont les opinions des autres États qui sont violentées pour « acheter » un second accord et éviter la paralysie.

La « déclaration sur la fiscalité » faite pour satisfaire le gouvernement irlandais après le premier vote, négatif, du peuple irlandais en juin 2008 offre un bon exemple de dérive asymétrique. On y lit : « Les garanties juridiques nécessaires seront apportées sur [le point suivant] : aucune des dispositions du traité de Lisbonne ne modifie en quoi que ce soit, pour aucun État membre, l'étendue ou la mise en œuvre des compétences de l'Union dans le domaine fiscal [1]. » Il est peu probable que tous les États membres seraient tombés d'accord

1. Conclusions du Conseil européen des 11 et 12 décembre 2008, 17271/08 concl. 5.

sur l'introduction d'un principe aussi tranchant, et aussi lourd de conséquences politiques, dans une matière aussi délicate que la fiscalité, si le sujet avait été discuté lors des négociations initiales du traité. Ces engagements politiques de « rattrapage » nécessitent d'ailleurs un acte qui leur donne force juridique, ce qui est la preuve que l'équilibre initial du texte, parfois déjà ratifié par les autres partenaires, est modifié.

La possibilité de dire non, dans une consultation référendaire, est parfaitement légitime, elle est même consubstantielle à la démocratie, mais les conséquences devraient être assumées par ceux qui l'expriment, et non par des partenaires auxquels le non aboutit à extorquer des concessions qu'ils n'auraient jamais faites spontanément.

Nous ferons quelques propositions en conclusion sur l'impérieuse nécessité de prévoir, *avant* toute nouvelle révision des traités, les modalités précises de leur future ratification, ainsi que de fixer les modalités éventuelles du retrait d'un pays afin que son veto n'arrête pas les autres dans leur élan. À ce stade, retenons que le vote, dans des consultations séparées, détruit l'esprit européen.

### *Le « choix du chef »*

Les Européens n'élisent pas ensemble, ni directement, ni même indirectement, ceux qui exercent pour leur compte le pouvoir en Europe.

Ils ne désignent pas les membres de la Commission, même si, au fil des révisions des traités, le lien entre son président et le Parlement européen a été renforcé et même si certains commissaires ont spontanément innové pour conforter leur légitimité : par exemple Michel Barnier, qui briguait en 2009 un poste de commissaire [1], a mis un point d'honneur à se faire élire préalablement au Parlement européen. La Commission européenne reste un organe rassemblant des sensibilités variées, ce qui lui permet, en théorie du moins, de jouer son rôle en toute impartialité.

Les Européens choisissent encore moins ensemble les membres du Conseil européen (ou du Conseil des ministres) puisque ces organes se renouvellent au gré des alternances nationales, selon un processus étalé dans le temps, cloisonné dans l'espace, dont les effets peuvent même se neutraliser quelque peu [2].

Lorsqu'ils votent dans le cadre national pour désigner directement ou indirectement leur représentant au Conseil européen, cet aspect de la fonction est rarement au centre de la campagne électorale. D'où une double frustration : les électeurs européens expriment des choix au niveau national, où les moyens d'action sont de plus en plus limités, mais ont peu d'influence au niveau européen, où le pouvoir tend à se concentrer.

Ainsi, en vertu de la Constitution de la Ve République, les Français pensent élire un président doté de prérogatives très étendues ; après le vote, ils s'aperçoivent que, dans un nombre important de domaines, il est en réalité l'un des membres d'une équipe qui compte dix-sept, voire vingt-sept joueurs et où certaines

---

1. Depuis 2009, il est en charge du marché intérieur et des services financiers.

2. Peu après qu'à l'automne 2011 les Espagnols eurent censuré la gauche, les Français l'ont par exemple portée au pouvoir.

décisions se prennent à l'unanimité. Ce décalage entre perception et réalité est pain bénit pour les populistes qui dénoncent ensuite les promesses non tenues ou l'impuissance des responsables.

D'où le trompe-l'œil que la politologue américaine Vivien Schmidt décrit d'une formule saisissante : « L'Union ayant *les politiques sans la politique*, il reste aux États membres, dans les domaines relevant de l'Union, *la politique sans les politiques*, ce qui crée d'énormes difficultés pour la démocratie nationale [1]. »

Le magazine *The Economist* a été jusqu'à considérer que, faute de prendre suffisamment en compte les contraintes de la zone euro, l'ampleur de l'endettement et la perte relative de compétitivité du pays, la campagne présidentielle en France, en 2012, a relevé d'un « déni » de réalité et s'est déroulée dans un climat « frivole » [2]. Une couverture inspirée du *Déjeuner sur l'herbe* de Manet illustrait le compliment. C'est peut-être regrettable mais, en accommodant chaque fois le peintre à la culture locale, ce magazine pourra vraisemblablement recycler son analyse : nous n'avons pas souvenir que les débats aient été beaucoup plus lucides dans les autres États membres de l'Union européenne à l'approche des grandes échéances électorales nationales. Ce phénomène tient moins à des circonstances particulières liées à la France qu'à l'absence des thèmes européens dans les débats nationaux.

Pour l'éditorialiste du quotidien italien *Corriere della Sera* Ernesto Galli della Loggia, la politique nationale

---

1. *La Démocratie en Europe*, *op. cit.*, p. 51.
2. « France's future, a country in denial », *The Economist*, 31 mars 2012.

perd sa signification parce qu'« une part toujours plus importante des choses qui comptent le plus et qui, autrefois, étaient dans les mains des politiques, et donc des électeurs, en vient à être déterminée par la globalisation, les marchés financiers ou décidée par les bureaucraties de Bruxelles ou, pour le moins, soumises au *placet* d'instances collectives (sommets variés comme le G8, le G20 ou équivalents) accepté de manière plus ou moins sournoise par les gouvernements [1] ». Et il ajoute de manière décapante : « Là où il y a très peu à décider, il est difficile qu'il y ait quelqu'un qui soit vraiment capable de commander. »

Sans doute M. Galli della Loggia va-t-il très loin mais son approche fait réfléchir. Pouvons-nous continuer à avancer ainsi, avec des procédures électives nationales qui perdent leur vigueur sans que des scrutins européens insufflent à la vie politique européenne un élan nouveau ? C'est d'autant plus grave qu'au-delà de l'« incarnation », essentielle pour la représentation, le choix du chef est aussi un moyen d'influencer le fond des politiques.

## *L'influence des citoyens sur les politiques*

Au fil des révisions des traités, l'influence des citoyens sur le contenu des politiques menées par l'Union européenne s'est considérablement accrue dans le champ *législatif* : dans de très nombreux domaines désormais, les députés qu'ils élisent sont colégislateurs avec le Conseil des ministres, sur un pied d'égalité. C'est ainsi

1. « La politica senza leader », *Corriere della Sera*, 17 juin 2012.

que, par exemple, la politique agricole commune est entrée récemment dans le champ de compétences du Parlement. La réglementation financière exige aussi l'assentiment des députés européens. Selon qu'ils auront voté majoritairement pour des Verts ou des partis conservateurs, les « lois » européennes ne seront pas les mêmes.

Toutefois, la pratique tarde à suivre le droit positif : ainsi, quelle que soit leur couleur politique, de nombreux gouvernements espèrent encore que le Parlement européen se bornera à avaliser gentiment les compromis qu'ils ont conclus entre eux. En 2010, les négociations des nouvelles règles de supervision des banques, des assurances et des marchés ont donné un bel exemple de ces combats d'arrière-garde.

Et les médias continuent à couvrir infiniment plus les Conseils européens (ou les réunions du Conseil des ministres de l'Économie), où il est aisé de suivre les responsables nationaux, bien connus du grand public, qu'à rendre compte des travaux du Parlement, souvent techniques, impliquant des rapporteurs de toutes nationalités. Les citoyens ignorent donc le plus souvent le travail effectué par le Parlement européen, même quand il est significatif.

À cette première difficulté s'ajoute le fait que le Parlement européen ne joue *aucun rôle dans la gestion des crises*. Il est certes normal que, dans l'urgence, le pouvoir exécutif soit en première ligne, surtout quand les moyens utilisés sont, comme dans le cas de l'Union, essentiellement ceux des pays membres. Les États conservent la responsabilité première pour la maîtrise des finances publiques, les réformes économiques et sociales ainsi que pour certaines décisions à prendre « à chaud ». Mais le fait que les solutions d'urgence ne soient pas assez débattues publiquement, en pesant le pour et le contre dans l'intérêt général européen, met en péril la concorde. Les négociations entre gouvernements, au Conseil, donnent en effet de plus en plus souvent l'impression que le choix s'opère entre des solutions portées par tel ou tel pays qui l'emporte contre tel ou tel autre. Faut-il s'étonner que le ton monte dans les médias et que des antagonismes nationaux ressurgissent ?

La vertu de la démocratie est de permettre des débats transparents. Elle vit de la confrontation entre des choix de fond, parfois idéologiques et fondamentaux, parfois un peu illusoires, mais sur lesquels les citoyens tiennent à avoir leur mot à dire : ils votent pour celui qui entend réduire les dépenses publiques ou, au contraire, relancer l'économie par la dépense publique, pour le parti qui compte encourager la croissance par une stratégie verte ou, à l'inverse, par des libéralisations. Au niveau européen, cette faculté ne leur est pas suffisamment offerte.

L'Union européenne, la zone euro ont besoin d'un débat public pan-européen où des choix peuvent s'opérer entre des options politiques, et non entre des pays ou des « zones d'influence ». Au Parlement européen, toute la gamme des sensibilités est représentée. Contrairement à ce qui se passe au Conseil européen où siègent seuls les gouvernements en place, l'opposition peut s'y faire entendre, ce qui empêche les raccourcis nationaux.

Souhaiter une discussion publique qui, en l'état actuel des choses, ne peut avoir lieu qu'au Parlement européen ne répond pas à la volonté de défendre une institution. Le temps est au contraire venu d'abandonner ces querelles de chapelle. Pour réconcilier les Européens avec l'Europe, pour donner plus de crédibilité aux institutions, nous appelons résolument à un désarmement général, à une coopération plus fructueuse des gouvernements et des instances européennes, dont ce livre voudrait aussi être un signe.

Mais cette volonté de rapprocher les différentes institutions ne doit pas nous aveugler sur les failles profondes que la crise a révélées, et plus encore sur leurs conséquences : confiner les débats au Conseil européen ou au Conseil des ministres revient à encourager, de manière mécanique, une présentation des positions qui nourrit les nationalismes. Il ne faudra pas s'étonner de voir s'embraser de grands incendies si, même involontairement, nous attisons le feu au lieu d'utiliser tous les moyens à notre disposition pour l'éteindre.

Au-delà de la crise, nous ne pourrons pas continuer longtemps à ignorer l'inachèvement de la construction démocratique européenne, qui tient tout particulièrement à deux lacunes.

D'une part, les députés européens n'ont pas leur mot à dire sur le volet « recettes » du budget européen. En dépit de la lettre des traités qui parlent toujours de « ressources propres », les États les fixent seuls, à l'unanimité, au terme de négociations opaques. Outre le fait que l'Union européenne ne dispose pas des moyens nécessaires à son action, cette situation prive les élections européennes d'un des enjeux majeurs de la démocratie : le contrôle de la levée des impôts. À la fin du XVIIIe siècle, les treize colonies américaines se sont émancipées du Royaume-Uni en revendiquant le contrôle de leurs élus sur les impôts : *« no taxation without representation »*. L'Union européenne a paradoxalement réussi à se doter de représentants qui n'ont pas leur mot à dire sur les contributions (en quelque sorte, une *representation without taxation*).

D'autre part, le Parlement européen n'a pas de droit d'initiative législative, réservé depuis les origines à la Commission européenne. Ce choix initial obéit à une logique très sensée : la maîtrise de l'agenda législatif par une seule institution favorise la cohérence d'ensemble du travail. Elle permet aussi d'éviter les assauts qui pourraient être organisés par une majorité contre une minorité, voire par les États les plus peuplés contre les plus « petits ». Rarement expliqué, et peut-être mal compris, le rôle de la Commission dans la protection des « petits » et des « minorités » est l'une des pierres angulaires de l'Europe communautaire.

Dans la perspective d'une plus grande démocratisation de l'UE, l'octroi du droit d'initiative au Parlement européen peut toutefois se concevoir : les électeurs ne se dérangeront pas pour aller voter si leurs élus sont éternellement bridés dans leur action. Et quand la Commission ne peut pas ou ne veut pas agir, il se crée un blocage préjudiciable. Nous avons par exemple rappelé précédemment l'effet de son inaction, dans la seconde moitié des années 2000, dans le domaine des services financiers, attitude qui a livré l'Europe aux excès des marchés non régulés.

Bien sûr, des pratiques se sont développées qui compensent cette lacune ; c'est ainsi un simple rapport parlementaire de l'eurodéputée Randzio-Plath, en date du

23 mars 1998, qui a instauré des rencontres de la Commission économique et monétaire du Parlement européen avec le président de la BCE, à un rythme trimestriel (paragraphe 11), appelées « dialogue monétaire », et qui sont désormais, dans le respect de l'indépendance de cette institution, un rendez-vous démocratique important [1].

Les députés utilisent aussi la codécision législative pour pousser certaines idées : par exemple, le Livre vert de la Commission européenne sur les euro-obligations [2] est né de l'insistance du Parlement, dans la négociation du « 6 pack », à laquelle le commissaire Rehn a su prêter une oreille attentive. Mais ces combats n'aboutissent pas toujours. Et c'est regrettable pour l'Europe, qui est alors privée d'un de ses moteurs : dès 2010, les parlementaires européens avaient identifié le besoin d'une supervision bancaire de la zone euro et de mécanismes de faillite ordonnée des banques, adossés à des fonds communs [3]. Il aura fallu que l'Espagne soit au bord du gouffre, en juin 2012, pour que le Conseil européen et la Commission se saisissent du sujet.

À dire vrai, nous touchons là l'une des questions fondamentales sur laquelle nous reviendrons en conclusion

1. Rapport A 4 0110/98.

2. Livre vert sur la faisabilité de l'introduction d'obligations de stabilité, COM (2011) 818 final, 23 novembre 2011.

3. Résolution du PE du 7 juillet 2010, concernant les recommandations à la Commission européenne, sur la gestion des crises transfrontières dans le secteur bancaire (2010-2006 INI), au rapport d'Elisa Ferreira et Rapport A 7 0166/2010 sur la proposition de règlement instituant une autorité bancaire européenne, au rapport de José Manuel Garcia-Margallo y Marfil, 3 juin 2010.

de ce livre : les Européens peuvent fort bien poursuivre sur la voie communautaire mais ils devraient alors comprendre et assumer l'originalité de leurs institutions.

Ou ils peuvent au contraire donner la priorité à des schémas démocratiques plus « classiques » mais ils devraient alors assumer les conséquences de leurs propres revendications : le passage à un ensemble politique plus intégré, une démocratie parlementaire avec un gouvernement contrôlé par une assemblée qui vote aussi les lois et le budget.

Ce qui est une chimère, et nuit à l'Europe en ce moment, c'est de rester entre deux eaux : le régime communautaire est contesté, notamment au nom de la démocratie, mais l'établissement d'une démocratie au niveau approprié, supranational, n'est pourtant pas envisagé.

L'ancien chancelier allemand Helmut Schmidt tire la sonnette d'alarme sur les dérives actuelles qu'il assimile, citant Habermas, au « démontage de la démocratie ». Alors qu'il était au pouvoir quand a été prise la décision d'élire le Parlement européen au suffrage universel direct, ce qui est advenu en 1979, il se désole que cet organe n'ait pas « de lui-même acquis plus de poids ». Il appelle le Parlement à faire entendre sa voix et, si nécessaire, à utiliser comme instrument de pression les réglementations financières en cours d'adoption, bref à « se révolter » [*sic*] [1].

Vu la composition actuelle du Parlement européen et les liens d'allégeance aux États de certains députés, une

1. Rede Helmut Schmidt, « Deutschland in und mit Europa », *SPD Bundesparteitag*, 4 décembre 2011.

rébellion parlementaire est peu probable. Et, du reste, faut-il en arriver à une guerre entre institutions à laquelle les citoyens ne comprendront rien et dont personne ne sortira grandi ? Ne faudrait-il pas plutôt que les gouvernements et tous les responsables européens aient le courage d'ouvrir un certain nombre de débats jusqu'ici tabous ?

L'une des questions les plus importantes est rarement évoquée dans le débat européen : c'est celle de la *responsabilité* – l'*accountability* – de l'exécutif européen. Ce terme anglais, sans équivalent en français [1], renvoie à une réalité que chacun comprend : peut-on sanctionner, voire écarter du pouvoir, les dirigeants qui commettent des erreurs ou perdent la confiance des populations ?

## *Le « contrôle des chefs »*

Créé en 1975, le Conseil européen a longtemps été une réunion informelle des chefs d'État et de gouvernement dépourvue de pouvoirs de décision. Pour ses concepteurs, il n'avait donc pas de raison d'être responsable *(accountable)* au niveau européen. Au fil des ans, cet organe a pris de l'importance. Même si les partisans de la cause communautaire redoutaient son impact sur les institutions supranationales, il a souvent servi la cause européenne, en donnant des impulsions majeures [2]. C'est grâce au Conseil européen, relayé par

1. Il renvoie à l'idée que les gouvernants doivent rendre des comptes.

2. Philippe de Schoutheete (avec Helen Wallace), « Le Conseil européen », *Notre Europe*, septembre 2002 ; ou, pour une analyse plus récente, « Conseil européen et méthode communautaire », *Notre Europe*, 12 juillet 2012.

la Commission, que sont par exemple nés le Système monétaire européen, l'euro et les accords de Schengen. À Milan, en 1985, la présidence tournante italienne a même innové en soumettant au vote, de manière inédite, la décision d'ouvrir les négociations de l'Acte unique, le traité voulu par Jacques Delors pour bâtir le marché unique [1].

Avec le traité de Lisbonne, entré en vigueur en 2009, le Conseil européen est devenu une institution à part entière de l'Union européenne. Composé des vingt-sept chefs d'État et de gouvernement (dix-sept quand il siège dans la formation « zone euro »), de son président permanent et du président de la Commission [2], il « donne à l'Union les impulsions nécessaires à son développement et en définit les orientations et les priorités politiques générales. Il n'exerce pas de fonction législative [3] ».

Puisqu'il est censé ne jouer qu'un rôle d'orientation et de coordination de mesures dont la responsabilité reste en définitive nationale, ce traité n'a toujours pas prévu de contrôle spécifique du Conseil européen, au niveau européen. Le Parlement européen n'est pas susceptible de le censurer ; même son président permanent,

---

1. Nous utiliserons l'expression « marché unique » de préférence à « marché intérieur » pour trois raisons : éviter la confusion qui peut être faite entre le marché intérieur européen et un marché national perçu comme « intérieur » ; dissiper l'impression, erronée du reste, d'une Europe repliée sur elle-même ; insister sur l'unicité de l'espace européen qui, pour être une réalité, exige un engagement des responsables et des politiques adéquates.

2. Actuellement respectivement Herman Van Rompuy et José Manuel Barroso.

3. Article 15 du traité sur l'Union européenne.

qui vient régulièrement devant l'assemblée plénière européenne pour des échanges de vues, n'est pas responsable devant elle. Il ne rend des comptes qu'aux chefs d'État et de gouvernement eux-mêmes [1].

Mais, en fait sinon en droit, vu le poids politique de ses membres et les bouleversements liés à la crise de la dette souveraine, le rôle du Conseil européen s'est profondément modifié. Loin de donner seulement des « impulsions », les chefs d'État et de gouvernement ont pris des décisions vitales pour les pays en difficulté : apport de fonds de secours, définition des contreparties sociales, économiques, budgétaires, fixation avec les créanciers privés des conditions de l'abandon « volontaire » de dette, etc.

Le pacte informel « Euro + », adopté au printemps 2011 par le Conseil européen en vue d'améliorer la compétitivité économique, est même censé infléchir les politiques économiques, sociales ou fiscales des États participants [2]. Les chefs d'État et de gouvernement, à commencer par Nicolas Sarkozy, ont trop souvent dit que les « sommets » étaient décisifs pour qu'il soit possible de continuer à minimiser leur importance.

D'où une question difficile qui ne peut plus être éludée, à tout le moins dans la zone euro : la légitimité

1. Rappelons que personne ne peut non plus dissoudre le Parlement européen, contrairement à ce qui est en général prévu par les constitutions des régimes parlementaires, qui offrent à l'exécutif une arme symétrique à la censure.

2. Le Pacte Euro + précédent a été publié en annexe aux conclusions du Conseil européen des 24 et 25 mars 2011 ; il est signé par les États de la zone euro ainsi que par la Bulgarie, le Danemark, la Lettonie, la Lituanie, la Pologne et la Roumanie.

collective du Conseil européen est-elle à la mesure de son nouveau rôle ?

Incontestablement, chacun des chefs d'État et de gouvernement membres du Conseil européen (comme chaque ministre de l'Économie et des Finances siégeant au Conseil des ministres, dit Ecofin), détient une légitimité tirée de la Constitution nationale. Il est également vrai que le traité prévoit expressément à son article 15.4 (TUE) que le Conseil européen décide, en règle générale, « par consensus », ce qui donne théoriquement à chacun de ses membres la garantie qu'aucune orientation ne sera décidée sans son accord. Avec plus ou moins d'intensité, les Parlements nationaux contrôlent les chefs de gouvernements et les ministres participant à la prise de décision européenne [1].

Depuis le début de la crise, la tendance a plutôt été, du moins dans certains pays, de renforcer le contrôle de l'exécutif national par le biais du Parlement national. Au nom des engagements budgétaires qu'entraînent les décisions prises par le Conseil européen et, de manière plus générale, en raison de la surveillance parlementaire qui s'impose dans un contexte aussi lourd de conséquences, le débat sur les questions européennes a pris un tour nouveau, du moins dans certains Parlements, tels que le Bundestag. Cette exigence accrue honore les Parlements qui exercent leurs responsabilités, comme les gouvernements qui s'y soumettent.

Toutefois, les limites de cette approche pourraient vite être atteintes pour trois raisons.

---

1. Le cas de la France, en raison de la particularité de son régime semi-présidentiel, étant à part.

Tout d'abord, si les gouvernements n'avaient plus de marge de manœuvre dans les négociations au Conseil européen, les rouages risqueraient rapidement de se bloquer. Nouer des compromis suppose une certaine souplesse des positions des uns et des autres. Dans un jeu collectif, l'intransigeance est rarement constructive. Or les Parlements nationaux – raisonnant dans des logiques nationales parfaitement respectables mais parfois éloignées de la complexité de la réalité collective – risquent de réduire la flexibilité de chaque chef de gouvernement. Sans compter le risque grave, pour la confiance mutuelle et l'entente entre les Européens, de voir deux ou plusieurs Parlements nationaux adopter des positions radicalement différentes, voire incompatibles. Nous n'en sommes déjà pas si loin sur des questions comme, par exemple, la création d'instruments de stabilisation des taux d'intérêt sur les marchés financiers, ou encore la mise en commun de la dette au moyen des euro-obligations, réclamée dans certains pays, rejetée dans d'autres. Voulons-nous vraiment courir le risque de voir des Parlements, détenteurs de la souveraineté populaire, s'affronter directement ?

En second lieu, il n'est pas sûr que – du point de vue de la zone euro prise dans son ensemble – cette approche soit intrinsèquement démocratique, dans la mesure où elle peut aboutir à faire prévaloir, sans débat public, le veto d'une minorité sur la volonté de la majorité des trois cent trente millions de citoyens concernés.

Enfin, l'intensité et la nature du contrôle sont indissociables de la nature de l'action : restera-t-on dans une logique de coordination de décisions nationales ? ou va-t-on vers des politiques économiques, budgétaires, sociales communes ou, du moins, beaucoup plus imbriquées, qui appellent une responsabilité politique au niveau européen ?

À cet égard, le débat reste malheureusement assez superficiel sur la question-clé qui est celle des « biens publics [1] ». Déjà, aux premiers temps de la construction européenne, le besoin a été identifié, en raison de la création du marché commun, de confier à la Haute Autorité de la Communauté du charbon et de l'acier puis, après 1957, à la Commission européenne, le soin de garantir le respect d'une concurrence loyale.

Chacun peut comprendre qu'à l'intérieur d'une zone économique et monétaire, les bénéfices reçus et les contraintes à la charge de chaque participant sont d'une autre nature que dans un simple marché. Pour schématiser, l'ambition n'est pas de créer une sorte de « club » où chacun « en a pour son argent » une fois payée sa « cotisation », mais de gérer ensemble des biens communs, ce qui engage chacun des participants à faire certaines choses et à en éviter d'autres. Notamment, les décisions des uns ont des incidences inévitables, et parfois très graves, sur les autres ; ces « externalités » négatives, comme disent les économistes, ne peuvent

1. La théorie économique a en effet classé les biens (et les services) en fonction de deux critères : l'exclusivité et la rivalité. Est « public » – en ce sens – un bien ou un service dont la consommation par un individu *x* n'est ni exclusive ni rivale pour un individu *y* (par exemple, bénéficier d'un feu tricolore pour traverser une rue n'enlève rien à une autre personne passant sur le même passage protégé ; la lutte contre l'inflation menée par la BCE bénéficie à tous les ménages et toutes les entreprises). D'autres biens ou services en revanche sont rivaux ou exclusifs : si *x* mange une pomme, *y* ne peut pas la manger.

être gérées par des politiques séparées, à supposer même qu'on arrive à mieux les coordonner [1].

En d'autres termes, ce qui invite à « hisser » la puissance publique au niveau supérieur et à donner aux citoyens européens une capacité de peser sur les choix qui y sont faits, ce n'est point une forme d'idéalisme, et encore moins une lubie pro-européenne, mais un impératif d'efficacité.

Dans un ouvrage de ce format, nous nous bornerons à appeler de nos vœux une réflexion rigoureuse sur les biens publics dans la zone euro. Cette réflexion pourrait englober aussi la question des biens publics liés à la défense ou à l'environnement par exemple, car les problématiques sont similaires, et l'enjeu tout aussi important.

C'est d'autant plus nécessaire que la crise a encouragé une dérive dangereuse, que l'économiste italien Tommaso Padoa-Schioppa [2] avait appelée une « prééminence de fait » et que nous avons qualifiée de « créditocra-

1. Pour une analyse plus fouillée de cette notion économique de « biens publics » le lecteur pourra se reporter par exemple à l'analyse de Stefan Collignon, qui a développé une théorie convaincante de la « chose publique européenne » (inspirée de la *res publica* latine) le conduisant à prôner une « République européenne ». Stefan Collignon, *Pour la République européenne*, Odile Jacob, 2008.

2. Tommaso Padoa-Schioppa, décédé brutalement en décembre 2010, a contribué par ses travaux et ses réflexions aux progrès de l'Union économique et monétaire : ancien de la Banque d'Italie, il fut entre autres directeur général à la Commission européenne et « plume » du rapport Delors sur le passage à la monnaie unique, publié en avril 1989, puis membre du directoire de la BCE, ministre de l'Économie, président du *think tank* de Jacques Delors, Notre Europe, jusqu'à sa mort.

tie »[1] : les États créditeurs, ou perçus comme tels, et en tout cas ceux qui sont les mieux classés par les agences de notation, sont désormais en position de force. Le ministre finlandais des Affaires européennes Alexander Stubb est allé jusqu'à dire : « L'euro est un système darwinien. C'est la survie du plus fort et les marchés se chargent de cela. » Pour lui, « le vrai noyau dur, c'est celui qui est formé par les pays ayant une note triple A[2] ».

Les pays « du Nord » ont de bons arguments à faire valoir, à commencer par le fait qu'ils ont pris les engagements communs au sérieux, d'où les réticences de leurs opinions à « payer pour les autres ». Mais la réalité est plus complexe : d'abord, les pays exportateurs tirent des avantages importants de l'existence d'un marché unique de grande taille où, de surcroît, les dévaluations compétitives d'autrefois ont été supprimées par la création de l'euro. En outre, si le manque de discipline budgétaire et de compétitivité appelait, dans certains pays « du Sud », de vigoureux correctifs, des réorientations sont en cours. Ces efforts ne suffiront cependant pas, à eux seuls, à pallier les défauts de conception de la zone euro. Faute d'action commune, c'est dans les pays du Sud, engagés sur la voie de douloureuses réformes et payant pourtant toujours des taux d'intérêt très élevés, sinon prohibitifs, que se développerait le sentiment symétrique

---

1. Mario Monti, Rencontres d'Aix-en-Provence, Le Cercle des économistes, 8 juillet 2012.

2. Il est vrai que fin août 2012, il a atténué lui-même ses propos, en appelant à ne pas créer un nouveau « mur de Berlin » entre le Nord et le Sud. « Triple A ou tais-toi », *La Libre Belgique*, 20 novembre 2011, et *Dagens Nyheter*, 23 août 2012.

de « payer pour les autres », ceux du Nord, dont certains analystes soulignent qu'ils bénéficient en ce moment d'un « effet d'aubaine » : nul ne peut soutenir que des taux d'intérêt nominaux négatifs correspondent à un fonctionnement harmonieux des marchés ; or les taux élevés se répercutent, au Sud, sur les entreprises et les ménages, décourageant l'activité économique tandis qu'au Nord commencent à apparaître des augmentations de la masse monétaire en circulation, avec à terme un risque d'inflation.

Le problème, économique au départ, peut vite prendre un tour plus grave : si les entreprises du Nord bénéficiant d'atouts comparatifs se mettent à attirer non seulement les capitaux mais aussi la main-d'œuvre qualifiée et désœuvrée du Sud, ce sont de véritables spirales vertueuses pour les uns, négatives pour les autres, qui peuvent se mettre en place.

Si, au bout du compte, cette situation perdurait et si, à l'intérieur du Conseil européen, dont les décisions ne sont pas débattues publiquement, les États résistant mieux à la crise imposaient leurs vues aux plus faibles, à leur profit, en dépit d'un besoin d'action commune, l'esprit coopératif de la Constitution européenne serait démenti.

À l'avenir – même si ces questions d'*accountability*, fort complexes, ne trouvent pas de solution rapide –, il serait urgent de mettre au moins en place des règles de communication évitant la cacophonie, l'opacité des travaux du Conseil européen rendant souvent sa communication chaotique. Aux malentendus, fréquents dans les milieux pluriculturels, s'ajoute en effet une certaine fatigue, au terme des débats de nuit encourageant la dramatisation, surtout quand la simultanéité d'événements sportifs incite à faire des raccourcis hasardeux [1]. Sans parler du cloisonnement linguistique qui incite les chefs d'État et de gouvernement, comme les ministres, à se précipiter en salle de presse à l'issue des réunions pour livrer, chacun dans « sa » langue, chacun à « sa » presse, « sa » version des faits…

La crise de l'euro n'est pas le premier dossier qui fasse apparaître au grand jour les difficultés liées à la manière dont les chefs d'État et de gouvernement réunis au sein du Conseil européen prennent leurs décisions : avant la réunion du Conseil européen à Helsinki, en décembre 1999, la question de l'adhésion de la Turquie à l'Union européenne n'avait pas été débattue, elle n'était pas même à proprement parler à l'ordre du jour européen ; une fois que la perspective d'une candidature a été réaffirmée, elle ne pouvait plus être discutée, la parole des dirigeants européens, au plus haut niveau, ayant été engagée [2]. D'importantes questions relatives à l'incidence de l'adhésion de ce pays sur les politiques européennes, notamment sociales, sur les institutions ou encore sur le budget, comme certaines craintes relatives à la libre circulation des personnes ou à la laïcité, méritaient pourtant d'être abordées ouvertement. Le refoulement a profité aux populistes. Il a aussi envenimé les relations avec un pays majeur qui méritait un meilleur traitement.

---

1. Le 28 juin au soir, le Conseil européen s'est tenu en même temps qu'un match de la coupe de l'UEFA opposant Allemagne et Italie.

2. Voir Sylvie Goulard, *Le Grand Turc et la République de Venise*, avant-propos de Robert Badinter, Fayard, 2004.

Le reproche récurrent selon lequel, dans la présente crise, la zone euro a agi *too little, too late*, comme on dit en anglais (selon une expression consacrée qui signifie « trop peu, trop tard »), tient en partie au manque de discussions publiques sur les choix opérés par cet organe. Ainsi, on ne sait pas pourquoi le Conseil européen a considéré pendant près de dix-huit mois que la Grèce était confrontée à un problème de liquidité, avant de reconnaître en juillet 2011 son insolvabilité partielle et d'organiser la restructuration de sa dette.

De même, lorsque, dans des documents informels comme le Pacte Euro + précité, les chefs d'État et de gouvernement fixent des priorités qui s'écartent en partie des objectifs adoptés à vingt-sept, selon les procédures formelles comme la stratégie 2020, et qu'ils abandonnent au passage la lutte contre la pauvreté et l'exclusion (qui concerne quatre-vingts millions de personnes dans l'UE), est-ce une malencontreuse omission ou un changement de cap voulu ? Avec quels effets juridiques ? *A priori*, un organe chargé de donner des impulsions ne devrait pas pouvoir défaire des décisions adoptées selon les formes en vigueur.

Qualifiant de *fédéralisme des exécutifs* l'évolution par laquelle le Conseil européen s'est accordé de lui-même des pouvoirs étendus sans rendre de comptes à l'ensemble des électeurs européens, le philosophe allemand Jürgen Habermas fustige un « modèle de domination post-démocratique [1] ».

---

1. Jürgen Habermas, *Zur Verfassung Europas. Ein Essay*, Suhrkamp Verlag, 2011, p. 8, traduit par les auteurs ; pour une version française complète, voir *La Constitution de l'Europe*, Éditions Gallimard, 2012.

Depuis longtemps, et de manière plus aiguë dans cette crise, la question de l'efficacité et de la légitimité des décisions européennes – et donc de notre crédibilité collective – est posée. Faute de quoi, le prétendu « gouvernement économique » de la zone euro pourrait être réduit au triste dilemme identifié par Habermas dans un autre texte : être inefficace s'il continuait à adopter des catalogues de bonnes intentions, comme, justement, le Pacte Euro + déjà évoqué, ou être illégitime et dangereux s'il décidait vraiment de manière contraignante, sans rendre de comptes [1].

Cette dérive a aussi été dénoncée par des observateurs non européens : l'économiste et prix Nobel d'économie indien Amartya Sen a tiré la sonnette d'alarme, inquiet de voir l'euro détruire la démocratie en Europe [2].

Une partie des difficultés vient de ce que les concepteurs de l'Union économique et monétaire ont créé une union « de beau temps [3] ». Rien n'était prévu pour affronter la tempête.

À ce stade, notre propos n'est pas d'incriminer ceux qui, aux moments les plus délicats, ont eu la lourde tâche de tenir la barre sans disposer d'instruments de navigation efficaces. Il est tout au contraire de susciter une prise de conscience collective en vue d'améliorer le régime politique européen à l'avenir. Même sans

1. Jürgen Habermas, « Merkel von Demoskopie geleiteter Opportunismus », *Süddeutsche Zeitung*, 7 avril 2011.

2. Amartya Sen, « L'euro fait tomber l'Europe », *Le Monde*, 3 juillet 2011.

3. Jean Pisani-Ferry et André Sapir, « Weathering the storm : fair weather versus stormy weather governance in the euro area », mars 2009 (sur le site du *think tank* Bruegel).

qu'existe une volonté hégémonique, une dérive autoritaire peut naître quand l'équilibre entre institutions est mal assuré, ou instable, comme c'est le cas dans l'Union d'aujourd'hui.

Dans *De l'esprit des lois*, Montesquieu met en garde contre les risques d'abus de pouvoir, inhérents à toute action politique : « Pour qu'on ne puisse abuser du pouvoir, il faut que, par la disposition des choses, le pouvoir arrête le pouvoir [1]. » Lorsque Tocqueville réfléchit à la possible « tyrannie de la majorité », il rejette lui aussi, au nom de la liberté, toute situation dans laquelle un pouvoir « ne trouve devant lui aucun obstacle qui puisse retenir sa marche et lui donner le temps de se modérer soi-même » [2].

Les institutions européennes n'ont pas été conçues, nous l'avons rappelé, selon la logique de la séparation des pouvoirs, mais il n'en est pas moins primordial de contenir d'éventuels abus.

Le partage des compétences entre le niveau européen et les États assurant une sorte de limitation naturelle, il est vrai que personne n'est en mesure de dominer le jeu complètement. Prises par consensus, les décisions requièrent, pour leur mise en œuvre, le déploiement de compétences partagées ou imbriquées, au risque même… de l'impuissance. Mais il serait étrange de compter sur l'inertie pour freiner l'abus de pouvoir. De ces deux périls, nous devons également nous garder, non pas escompter, en quelque sorte, qu'ils se neutralisent.

---

1. *De l'esprit des lois*, livre XI, chapitre IV, *op. cit.*, p. 393.
2. *De la démocratie en Amérique*, *op. cit.*, p. 289.

Au terme de ce tour d'horizon, nous sommes convaincus que l'Union européenne, ou pour le moins la zone euro, ne peut plus se contenter d'un régime politique où les carences de la démocratie européenne perdureraient, compensées seulement par un renforcement des démocraties nationales. La rançon serait à la fois l'inefficacité et la division entre les peuples européens, voire leur affrontement.

Nous croyons au contraire que le temps est venu d'encourager un rassemblement par-delà les frontières ; « la démocratie par le peuple » n'adviendra pas le jour où un « peuple » tout fait sortira du chapeau, comme un lapin. C'est au contraire le rassemblement de ce peuple qui donnera sa force à la démocratie. Et l'histoire nous montre que cette étape n'est peut-être pas si chimérique que certains s'évertuent à le laisser croire.

## Le peuple qui s'ignore ?

Des arguments tirés de la démocratie représentative comme de la démocratie participative invitent à rassembler le peuple européen.

### *Rassembler le peuple*

L'objection courante contre l'égalité des conditions consiste à affirmer qu'il n'existe pas de « peuple européen » ou, pour le dire de manière plus érudite, en hommage à la Grèce antique, pas de « *démos* européen ». Cette réplique ne résiste pourtant pas à l'examen.

D'abord, elle ne correspond pas à la vérité historique. À ses origines mêmes, à Athènes, le *démos* n'est pas une donnée fixe. Un homme politique du VI^e^ siècle avant Jésus-Christ, Clisthène, dont l'action est connue par les écrits d'Hérodote et d'Aristote, a contribué à construire un nouveau *démos* ; c'est sous son impulsion que l'organisation politique d'Athènes a commencé à s'abstraire des liens familiaux, à devenir moins « tribale ».

« Dans un monde attique en pleine mutation par le développement des échanges et le mouvement des populations, explique Pierre Rosanvallon, [Clisthène] avait pris acte de la fin d'un monde composé de groupes sociaux figés dans des logiques familiales et gouverné par traditions ancestrales. À cette organisation “naturelle” du monde social, il avait substitué un espace plus abstrait rendu nécessaire par l'avènement d'un monde plus complexe et plus composite. Pour gouverner ce *démos*, qui avait émergé en lieu et place de l'ancien *genos*, il avait procédé à une vaste réforme des cadres de la vie politique dans le but de “fondre” les habitants (l'expression est d'Aristote) en un même corps civique. La création de la démocratie athénienne a ainsi été inséparable d'une distance prise avec un ordre social soumis à un principe d'homogénéité [1]. »

L'helléniste Claude Mossé parle même de « révolution clisthénienne » en insistant sur un point important pour notre réflexion sur l'Europe d'aujourd'hui : « Clisthène n'a pas créé la démocratie athénienne, *il a créé les conditions qui allaient permettre à la démocratie de naître*, en rendant tous les citoyens semblables devant la loi,

1. *La Société des égaux*, *op. cit.*, p. 386 et suiv.

une loi qui désormais serait l'expression de la volonté du *démos* tout entier [1] ».

L'« isonomie » ou le partage à parts égales du pouvoir c'est-à-dire, avant la lettre, l'égalité des conditions, est, selon elle, la grande invention de Clisthène. Ainsi, c'est l'égalité des conditions qui crée le *démos* et non l'appartenance à un *démos* préexistant qui justifie l'exercice de prérogatives démocratiques. La principale objection des souverainistes à l'émergence de la démocratie européenne ne pourrait pas être démentie de manière plus catégorique.

Leurs réticences ne sont cependant pas surprenantes : dans *La Société ouverte et ses ennemis*, le philosophe Karl Popper met en garde contre les forces réactionnaires qui s'opposent à l'émergence d'une société ouverte débarrassée de ses instincts tribaux [2].

Au-delà de la vérité historique, une simple raison pousse à rassembler le peuple européen : s'il est dans notre intérêt de conserver l'euro, si cette monnaie appelle des politiques budgétaires, économiques, sociales et fiscales convergentes et si nous excluons que ces domaines soient soustraits aux exigences démocratiques, alors il faudra bien innover.

---

1. *Histoire d'une démocratie, Athènes*, Éditions du Seuil, « Points Histoire », 1971, p. 25 et suiv. (Nous soulignons.)

2. « Notre civilisation [...] ne s'est pas encore remise du choc de sa naissance, du passage de la société tribale ou close, soumise à des forces magiques, à la société ouverte qui libère les capacités critiques de l'homme, et que c'est bien le choc de cette transition qui favorise les mouvements réactionnaires orientés vers un retour au tribalisme. » *La Société ouverte et ses ennemis*, t. I : *L'Ascendant de Platon*, Éditions du Seuil, 1979, p. 9 puis 142 et suiv.

Dans l'un de ses derniers articles avant sa disparition, Tommaso Padoa-Schioppa développe une distinction intéressante entre ce qu'il appelle le « peuple de la raison » (*i.e.* fondé sur des intérêts partagés) et le « peuple du cœur » (*i.e.* le groupe préétabli) [1]. Il rejoint alors Tocqueville, qui distingue « un amour de la patrie qui a sa source dans ce sentiment irréfléchi, désintéressé et indéfinissable qui lie le cœur de l'homme aux lieux où il a pris naissance » et le patriotisme « plus rationnel, moins généreux, moins ardent peut-être, mais plus fécond et plus durable qui [...] naît avec les Lumières » et qu'il qualifie de « patriotisme réfléchi de la république ».

Pierre Rosanvallon va encore plus loin : pour lui, « un groupement humain qui ne se pense que sous les espèces d'une homogénéité donnée, quels qu'en soient les ressorts, n'est pas seulement non démocratique, il est aussi non politique. [...] Lorsqu'elle est assimilée à l'idée d'une identité, la notion du commun se réduit généralement à un catalogue de nostalgies et de clichés. Elle ne se conçoit en outre qu'au singulier, comme une donnée brute et indécomposable. Elle est alors structurellement passive, conservatrice, incapable d'éclairer un avenir et de donner sens à un monde nouveau [2] ».

Au-delà de toutes ces analyses un peu abstraites, pouvons-nous nous désintéresser des jeunes au chômage au prétexte que nous sommes italien et français et qu'ils vivent en Espagne ou en Grèce ? La tentation de se

1. « *Démos* et *Kratos* en Europe », *Commentaire*, printemps 2010.

2. *La Société des égaux*, *op. cit.*, p. 388 et 393.

replier sur le cadre national est humaine. Mais il serait illusoire de penser s'en tirer à bon compte quand, dans un espace commun, nos voisins souffrent.

Après la Seconde Guerre mondiale, les pères fondateurs de l'Europe unie, comme les concepteurs du plan Marshall aux États-Unis, ont évité l'erreur commise après 1918 : ils ont pris conscience de l'interdépendance et compris que la prospérité de tous passait par le relèvement de l'Allemagne vaincue et non par son abaissement. Au lieu d'infliger des réparations, des sanctions, ils ont privilégié la reconstruction, la coopération. La gravité de l'épreuve que traverse l'Europe aujourd'hui invite à retrouver cette intelligence supérieure.

Le « peuple municipal » n'est pas le « peuple régional », qui n'est pas le peuple « national », sans que cela pose de problèmes. Pourquoi devrions-nous craindre l'émergence d'un « peuple européen » ou avoir peur d'additionner nos suffrages à ceux de personnes partageant nos convictions politiques, vivant dans un autre pays de la zone euro ? Le réflexe national est-il si fort que nous nous sentions plus proches de ceux qui, dans notre pays d'origine, défendent des idées radicalement contraires aux nôtres ?

Enfin, il serait temps de faire valoir que l'exercice conjoint de la souveraineté pourrait améliorer nos performances d'ensemble : nous avons tout à gagner à élargir le vivier dans lequel sont sélectionnés nos dirigeants et à nous enrichir d'autres expériences.

Le patriotisme véritable consiste non pas à ignorer l'interdépendance mais au contraire à défendre l'intérêt national sans le dissocier de l'intérêt général, en amont, pour éviter de devenir esclave de la contrainte extérieure.

## *Comprendre le changement d'époque*

Un autre phénomène pousse à renouveler nos conceptions du peuple et de la démocratie, c'est la diffusion des nouvelles technologies de l'information.

Dans l'introduction de *De la démocratie en Amérique*, Tocqueville mentionne expressément, parmi les ferments d'égalité, un certain nombre d'inventions matérielles : celle de l'imprimerie « qui offre d'égales ressources [aux] intelligences », et celle de la poste « qui dépose la lumière sur le seuil de la cabane du pauvre comme à la porte des palais » [1].

Aujourd'hui, avec Internet, nous vivons ce qui, d'un point de vue anthropologique, est pour Michel Serres la troisième plus grande mutation de l'humanité après l'invention de l'écriture et celle de l'imprimerie. Un tel bouleversement ne peut rester sans incidence sur plusieurs aspects de la vie démocratique, notamment la circulation de l'information, l'autorité et le territoire.

Le niveau d'éducation des populations européennes n'a jamais été aussi élevé. Grâce à Internet, s'y ajoute désormais un accès infini, et instantané, aux connaissances les plus solides comme aux informations les plus éphémères (pour ne pas dire aux ragots les plus inutiles). Cette situation est sans précédent dans toute l'histoire de l'humanité. L'encyclopédie en ligne Wikipédia, rédigée par tous ceux qui sont désireux d'y contribuer, sous

1. *De la démocratie en Amérique*, *op. cit.*, p. 4.

le contrôle d'autres internautes, en est la meilleure illustration. Selon le sociologue Dominique Cardon, Wikipédia « porte le plus loin possible le refus d'examiner les qualités et les positions des personnes [1] ». Les contributeurs sont jugés sur leurs productions, non sur leurs titres académiques ou leurs origines sociales. Experts et amateurs sont sur un pied d'égalité. L'accès aux travaux est libre, sans discrimination (si ce n'est, aujourd'hui, la connexion à Internet, appelée toutefois à se généraliser).

Cette attitude remet en cause l'existence d'un savoir académique patiemment acquis et contrôlé par les pairs ; elle nie la valeur ajoutée des journalistes professionnels dans l'analyse de l'information. Si elle ouvre un formidable accès populaire à la connaissance, c'est donc aussi un défi, et elle pourrait même devenir une menace pour l'État de droit. En 2005, pendant la campagne référendaire en France, des travaux médiocres ou erronés ont trouvé un retentissement qu'ils ne méritaient pas. L'approximation et la propagande malhonnête ont toujours existé, mais, sur la toile, l'impact des sottises et de la mauvaise foi est démultiplié.

Quant au potentiel d'autres outils, de Facebook à Twitter ou Nextdoor.com, il commence à peine à se révéler. Pour le meilleur ou pour le pire, Internet permet des formes immédiates de mobilisation, comme l'ont montré la victoire de Barack Obama aux États-Unis en 2008, les révolutions en Tunisie et en Libye, ou les activités nocives de certains mouvements terroristes.

---

1. Voir son article « Vertus démocratiques de l'Internet », paru sur laviedesidees.fr en 2009 et, au-delà, son ouvrage *La Démocratie Internet*, Éditions du Seuil, 2010.

Nourris d'informations en direct, les citoyens – ou du moins une partie d'entre eux – sont avides d'être reconnus dans la vie de la « cité », d'être entendus. Des attentes se font ainsi sentir dans la politique, mais aussi dans la famille, les Églises, les écoles, le monde associatif ou syndical. Les structures hiérarchiques, fondées sur des principes d'autorité, sont en perte de vitesse, comme le montre par exemple la demande croissante de « primaires » pour désigner le candidat d'un parti à l'élection. Les individus sont souvent sollicités par les services de marketing, politique ou commercial : les recommandations par les consommateurs eux-mêmes (dites « virales ») se répandent avec toute l'efficacité, mais aussi toute la brutalité, de prises de position binaires, « j'aime »/« j'aime pas ».

En parallèle, la toile relativise la localisation géographique ; les frontières perdent de leur importance. Déjà, dans les années 1990, Karl Lamers [1], alors porte-parole du groupe CDU au Bundestag, alertait sur le fait que la mondialisation atteignait les États, conçus pour garantir la souveraineté d'une population sur un territoire déterminé, dans leur raison d'être.

Avec Internet, qui sait si les jeunes générations, citoyens de royaumes virtuels, « surfers » aux approches

1. Karl Lamers est co-auteur, avec Wolfgang Schäuble, en septembre 1994, d'une des meilleures analyses stratégiques sur l'avenir de la Communauté européenne qui ait jamais été écrite (« Überlegungen zur europäischen Politik », 1er septembre 1994, http://www.cducsu.de/upload/schaeublelamers94.pdf) ; voir aussi « Italien und Deutschland in Europa – Europa in der einen Welt », contribution à un séminaire à Villa Vigoni, juillet 2008, et « Der fröhliche Sisiphos. Beitrag zur Festschrift aus Anlass des 70 », Geburtstages von Dr. Wolfgang Schäuble, 2012.

plus fluides, se laisseront encore enfermer longtemps dans des petites boîtes ?

Nous ne nions pas que ces évolutions puissent poser des problèmes en encourageant des zones de non-droit qui favorisent les criminels ou, du moins, les minorités contestant l'intérêt général tel qu'il est régulièrement défini par les institutions démocratiques. Par exemple, dans les manifestations hostiles au TGV Paris-Turin, en val de Suse, les manifestants ne font pas grand cas des décisions prises selon les procédures requises [1]. Chacun se proclame égal à celui qui décide.

Mais qu'elles nous plaisent ou pas, ces mutations font désormais partie de la réalité de notre temps.

Notre génération affronte ainsi des difficultés renouvelées par la technologie. En soi, elles ne sont pas nouvelles. Montesquieu écrivait déjà dans *De l'esprit des lois* que « le principe de la démocratie se corrompt, non seulement lorsqu'on perd l'esprit d'égalité, mais encore quand on prend l'esprit d'égalité extrême et que chacun veut être égal à ceux qu'il choisit pour lui commander [2] ».

## Conclusion

Ainsi, non seulement l'aspiration à l'égalité des conditions politiques se poursuit, mais elle est en train de s'accélérer.

---

1. « Siamo solo no TAV, non vogliamo partiti », *Corriere della Sera*, 4 mars 2012.
2. *De l'esprit des lois*, livre VIII, « De la corruption des principes des trois gouvernements », *op. cit.*, p. 349.

Si nous nous bornons à l'ignorer, en réformant les institutions européennes à la marge pour tirer quelques leçons de la crise des dettes souveraines, nous ne trouverons pas les remèdes appropriés. Selon Tocqueville, « tous les hommes et tous les pouvoirs qui voudront lutter contre cette puissance irrésistible seront renversés et détruits par elle [1] ».

Le problème n'est pas celui du déficit démocratique *de l'Europe* mais celui, infiniment plus vaste, de la démocratie *en Europe*, qui englobe aussi les limites des systèmes nationaux et de leur coordination.

Ceux qui dénoncent à tout bout de champ le « déficit démocratique » sont-ils prêts à pousser l'analyse jusqu'au bout ? Sont-ils disposés à envisager les réformes de grande ampleur visant à remédier effectivement aux carences de la démocratie, telles que l'inexistence de « moments démocratiques » partagés, l'interdiction faite aux Européens de se prononcer ensemble sur les dirigeants et les traités dont dépendent leurs destinées, ou d'infléchir ensemble, en toute transparence, les politiques menées ? Acceptent-ils que puisse se former un « peuple européen » ?

Enfin, il est d'autant plus important de construire, au niveau européen, la démocratie *par le peuple* qu'elle seule pourra répondre à la demande, non moins forte, de la démocratie *pour le peuple*.

---

1. *De la démocratie en Amérique*, *op. cit.*, p. 611.

# Chapitre 3
## La démocratie pour le peuple

> Le transfert à la fédération du droit exclusif de battre monnaie et d'émettre les billets n'accomplira pas de lui-même le miracle de garantir aux peuples une bonne monnaie. Aucun miracle n'arrive jamais en matière économique.
>
> Luigi Einaudi [1]

1. *La guerra e l'unità europea*, Biblioteca federalista, Il Mulino, 1986, p. 102.

Au-delà des revendications politiques que nous venons d'analyser et que Tocqueville avait à l'esprit quand il parlait d'une marche irrésistible vers l'égalité des conditions, la démocratie renvoie aujourd'hui aussi, sinon davantage, à l'égalité des conditions économiques et sociales.

C'est « une forme de société », une démarche qui permet de « faire socialement corps », écrit Pierre Rosanvallon [1]. Aussi la démocratie doit-elle non seulement être faite « par le peuple » mais aussi « pour le peuple ».

À ses débuts, la Communauté économique européenne a contribué à réduire les inégalités territoriales entre pays et à l'intérieur des pays, notamment par des politiques agricoles communes et des fonds destinés à compenser le retard de certaines régions. L'Union européenne a aussi supprimé le plus inique, le moins visible des « impôts », l'inflation, comme nous l'avons déjà rappelé. Mais désormais, les inégalités ont tendance à s'accroître. Même si la responsabilité en incombe largement aux États qui ont négligé les réformes visant à améliorer la compétitivité, et mal redistribué les fruits

1. *La Société des égaux*, *op. cit.*, p. 9.

de la croissance, l'Europe passe pour avoir manqué à sa promesse.

Pour faire mieux, en tenant compte des contraintes de la mondialisation, les Européens doivent parvenir à réformer en profondeur l'Union économique et monétaire et à revigorer « l'économie sociale de marché » en adoptant une nouvelle stratégie pour le marché unique.

## L'AMÉLIORATION DES CONDITIONS DE VIE ET D'EMPLOI : UNE PROMESSE NON TENUE

En 1957, les signataires du traité de Rome assignent « pour but essentiel à leurs efforts l'amélioration constante des conditions de vie et d'emploi de leurs peuples [1] ». La Communauté ouvre les frontières et les marchés, mise sur l'émulation, mais répond aussi au désir des populations après la guerre : vivre mieux.

Pendant les premières décennies d'existence de la Communauté économique européenne, les conditions de vie s'améliorent : l'ouverture des frontières, l'établissement du marché commun, les fonds européens donnent de l'élan aux économies ; la croissance est soutenue, ses fruits sont assez équitablement distribués. L'inégalité des revenus, toujours inférieure à celle qui règne aux États-Unis, diminue pour atteindre un minimum dans les années 1980. L'Europe occidentale constitue alors la partie du monde où règne la plus grande justice sociale.

1. Préambule.

En 1987, dans la période de mise en route du « grand marché », un rapport rédigé pour la Commission européenne invite à poursuivre le triple objectif de « l'efficacité [économique], de la stabilité et de l'équité [1] ». Il suggère notamment à la Communauté de combiner au marché et à la coordination des politiques économiques des mesures de redistribution budgétaire et une stratégie de croissance [2].

À l'époque où Jacques Delors préside la Commission européenne (1985-1994), il associe toujours dans son propos « la compétition qui stimule, la coopération qui renforce, la solidarité qui unit ». C'est notamment le moment où la libéralisation du grand marché s'accompagne d'efforts en vue de renforcer ce qu'on appelle la « cohésion » européenne, c'est-à-dire de favoriser le rattrapage des régions en retard de développement.

Depuis quelques années en revanche, l'équilibre entre stabilité et croissance, entre efficacité et redistribution se défait. Et ce sont les plus vulnérables qui en paient le prix.

Dans l'ensemble de l'Union européenne, environ quatre-vingts millions de personnes vivent en dessous

---

1. *Efficacité, stabilité, équité*, rapport sous la direction de Tommaso Padoa-Schioppa, Economica, 1987.

2. Pour l'économiste Jean Pisani-Ferry, « le message essentiel du rapport est le suivant : un programme axé sur la recherche de marchés compétitifs et de la stabilité monétaire est incomplet. Ces deux objectifs ne suffisent pas à fonder un contrat social solide entre la Communauté et les États membres. Il faut compléter le programme communautaire par des mécanismes assurant une répartition équitable des gains d'efficacité », *Revue française d'économie/Revue des livres*, 1989, vol. 4, n° 2, p. 187-196.

du seuil de pauvreté de leur pays. La peur du déclassement touche les catégories moyennes [1].

Les études sur l'inégalité se multiplient [2]. Après un premier rapport alarmant paru en 2008, intitulé *Croissance et inégalités*, l'OCDE a publié une nouvelle étude en avril 2012, *Toujours plus d'inégalités*. Elle démontre que l'écart entre les riches et les pauvres s'est creusé dans la plupart des pays de l'OCDE, y compris certains de ceux qui sont membres de l'Union européenne [3].

Quelques-uns des constats de l'OCDE sont particulièrement éclairants : l'inégalité salariale (en progression) est le premier facteur de disparité entre les riches et les pauvres, les fruits du progrès technologique et de la croissance ayant été inégalement répartis ; l'OCDE va même jusqu'à évoquer à ce propos une « culture du jackpot dans laquelle les gagnants raflent la mise ».

---

1. Les sondages révèlent que, parmi les priorités des Européens, se trouvent la lutte contre la pauvreté et l'exclusion sociale (49 %), et la coordination des politiques économiques, budgétaires et fiscales (37 %). Eurobaromètre du Parlement européen de novembre 2011 (EB/PE 76.3).

2. Voir notamment les travaux de Fritz W. Scharpf et Vivien A. Schmidt (éd.), *Welfare and Work in the Open Economy*, Oxford University Press, 2000, sur un certain nombre de pays occidentaux, européens ou non ; de Thomas Piketty, seul ou avec Emmanuel Saez ou Anthony Atkinson, travaux soigneusement recensés par Pierre Rosanvallon dans *La Société des égaux*, *op. cit.*, p. 12 ; voir aussi des études émanant d'organismes plus proches des milieux d'affaires comme le rapport, signé Economist Intelligence Unit, *Manning the Barricades, Who Is at Risk ?*, 2009, sur la montée des inégalités dans le monde et les risques d'instabilité sociale qui résultent de la crise financière de 2007-2008.

3. Rapport disponible sur www.ocde.org/els/social/inegalite.

À la hausse du travail à temps partiel, précaire, s'ajoute l'évolution des familles (accroissement du nombre des ménages célibataires ou des familles dites « monoparentales »). Les inégalités des revenus du capital ont augmenté plus que celles des revenus du travail. Mais surtout, les économistes de l'OCDE soulignent que, « depuis le milieu des années 1990, les dispositifs de prélèvement et de prestations contribuent moins à la redistribution ».

Cette longue étude mérite mieux qu'un survol. Mais, pour notre propos, l'essentiel est d'en retenir deux conclusions. D'une part, elle montre bien qu'il existe des différences entre les pays membres de l'Union européenne, certains luttant mieux que d'autres contre les inégalités. D'autre part, elle esquisse des tendances générales, notamment le fait que le contrat social se déchire, au détriment de la jeunesse. Cette évolution encourage des poussées protectionnistes et un rejet de l'économie de marché préjudiciables, à terme, à la prospérité. Aussi l'OCDE invite-t-elle les gouvernements à « stimuler l'emploi », « investir dans le capital humain » et « redonner un caractère distributif à la fiscalité ».

Même si ce n'est pas le seul outil pour réduire les inégalités, il est indispensable que les pays de l'Union européenne et, au-delà, du monde entier, au G8, au G20, se lancent dans la coordination des politiques fiscales afin d'éviter que leur mise en concurrence sans limites n'aggrave la montée des inégalités, en tarissant les rentrées d'argent public.

### *Limiter la concurrence fiscale*

Une dose modérée de concurrence fiscale entre les États européens peut avoir des effets positifs, en incitant à mieux gérer les finances publiques, l'émulation dans la gestion d'une ressource rare étant un facteur de discipline. Mais aujourd'hui, on assiste à une concurrence intra-européenne et mondiale excessive.

Au G20, le thème n'est pas à l'ordre du jour. Les résultats que l'OCDE obtient contre les « paradis fiscaux » sont appréciables mais restent insuffisants : en effet, non seulement la coopération internationale est nécessaire pour lutter contre *la fraude* fiscale mais elle devrait s'attaquer aux abus de « *l'optimisation* fiscale », licite mais qui démunit les États.

Des années durant, les gouvernements ont assisté passivement aux excès de la finance, avec les conséquences que nous voyons aujourd'hui : des États désarmés. S'ils ne récupèrent pas une certaine marge de souveraineté fiscale, ils seront privés de moyen d'action. Or, cette capacité, ils ne la récupéreront qu'en coordonnant, à un niveau supérieur, leurs politiques fiscales.

Ainsi, paradoxalement, le maintien d'une souveraineté nationale budgétaire dépend en réalité de la capacité à fixer un cadre fiscal européen (et, un jour, mondial) commun.

L'Union européenne n'a pas créé le phénomène de concurrence fiscale mais elle l'a incontestablement amplifié. La libre circulation des personnes et des capitaux permet de s'installer facilement dans un autre pays de l'Union et d'y transférer sans délai son argent.

L'augmentation du nombre des États membres rend encore plus néfaste le verrou des décisions à l'unanimité en matière fiscale. Enfin, l'Union n'a pas découragé des comportements qui finissent par ressembler à ceux de « passagers clandestins » : en effet, lorsque, avec un impôt sur les sociétés très bas, un État attire des entreprises de pays tiers sur son territoire, il n'offre pas seulement l'accès à son marché national, surtout s'il s'agit d'un pays peu peuplé, il concède en réalité unilatéralement, voire au détriment des autres Européens, l'accès au marché unique et aux cinq cents millions de consommateurs qui y résident.

Le paradoxe de la situation actuelle est que certains gouvernements tout particulièrement attachés à la discipline budgétaire contribuent eux-mêmes à la rendre plus aléatoire, soit qu'ils refusent d'éliminer le secret bancaire qui facilite l'évasion de capitaux, soit qu'ils perpétuent la course au moins-disant fiscal, qui l'encourage.

Enfin, les Européens n'unissent pas non plus suffisamment leurs forces : au lieu de négocier ensemble les accords internationaux avec les pays tiers qui offrent aux ressortissants de l'Union européenne des facilités pour échapper au fisc, ils se présentent en général séparément, perdant ainsi une occasion d'avoir plus de poids.

Au total, la répartition initiale des tâches dans la communauté économique européenne – aux États la protection sociale, à l'Europe la mission de développer le marché unique au service de la croissance et de l'emploi – n'est plus optimale : dans certains pays de l'Union, notamment sur le continent, les citoyens voient l'Europe comme un acteur qui impose le jeu du marché et complique la tâche des États, en tolérant à la fois la concurrence fiscale et des politiques sociales complètement divergentes. Le capital (mobile) est avantagé, le travail (captif) supporte de plus en plus le poids des taxations. S'il n'est pas mis fin à cette discrimination, il ne faut pas s'étonner que les électeurs se tournent vers les partis souverainistes et réclament plus de « protection ».

L'Union européenne a du mal à contrer ces dérives parce que la crise l'a frappée à un stade intermédiaire de son développement, alors qu'elle n'est pas encore dotée de procédures de décision efficaces. Quand on juge son action, il est important de se souvenir qu'elle n'est pas un État mais un processus d'intégration en cours, et c'est d'ailleurs l'une des raisons pour lesquelles elle a plus de mal à faire face à cette crise que des pays qui, dans le reste du monde, affichent pourtant de moins bonnes performances.

Enfin, récemment, les politiques drastiques de réduction des dépenses publiques, des prestations sociales et d'augmentation de la TVA imposées par exemple à la Grèce ou au Portugal confortent l'impression que l'Europe n'agit pas « pour le peuple ». À cet égard, il est heureux que le Conseil des 28 et 29 juin 2012 ait enfin prôné une approche plus équilibrée, soucieuse de croissance, moins « punitive ».

### *Garder confiance*

Quelles que soient les difficultés actuelles, l'Europe ne devrait pas perdre confiance dans ses réalisations, ni renoncer à mettre en place une « économie sociale de marché hautement compétitive », au service d'une croissance durable. Il ne sert à rien d'opposer les politiques de compétitivité et les politiques « sociales ». Sans augmentation de la productivité, il est impossible, à terme, de garantir le financement des politiques sociales. Sans politiques sociales, les inégalités mettent en péril la stabilité de la société et la croissance de l'économie.

Même si les Européens n'ont pas toujours agi avec discernement et même si des correctifs sont nécessaires pour retrouver le bon équilibre entre le jeu du marché et l'intervention de la puissance publique, les orientations d'origine étaient et restent justes.

Par ailleurs, même si ceux qui souffrent en Europe de la misère n'ont guère la tête à comparer leur sort à celui des autres habitants de la planète, les inégalités sont encore plus marquées dans d'autres parties du monde que chez nous.

Début 2009, après le choc causé par la crise financière venue des États-Unis, il est apparu que le « modèle européen » (mot fourre-tout mais commode) résistait mieux que les autres à la crise [1] : malgré l'aggravation de la précarité en Europe, les populations sont plus protégées que dans d'autres régions du monde par l'existence de prestations chômage, de couvertures maladie universelles ou de revenus minimaux. Ces « amortisseurs sociaux », comme disent les experts, ont joué leur rôle.

---

1. La société européenne fait l'objet de nombreux commentaires et études, par exemple au forum de Davos, dans le *Wall Street Journal* et d'autres médias globaux.

Rien ne dit que l'Europe soit condamnée à se faire distancer dans les décennies à venir. Les chiffres relativisent sa place dans le monde, mais sur le plan qualitatif, elle conserve une longueur d'avance. Et les puissances émergentes affronteront aussi de sérieuses difficultés, notamment en raison de leur démographie ou des atteintes à l'environnement consécutives à un développement extrêmement rapide.

L'avenir de l'Europe se joue sur sa capacité à garder confiance en elle. Elle ne doit pas s'autoflageller en permanence jusqu'à perdre conscience de ce qu'elle a déjà accompli et qui reste inégalé [1]. Pour tenir sa place dans la compétition mondiale, elle a des efforts à faire, des réformes à entreprendre mais les messages négatifs à outrance qui, depuis le début de la crise de la dette souveraine, se répètent chaque jour, sont l'un des pires problèmes des Européens. Le rebond de l'Occident, et notamment de l'Europe, n'est pas hors de portée. Telle est l'une des conclusions des rencontres d'Aix-en-Provence du Cercle des économistes consacrées, en juillet 2012, à la question : « Et si le soleil se levait aussi à l'Ouest ? »

## L'ÉGALITÉ DES CONDITIONS ÉCONOMIQUES ET SOCIALES À L'ÉPREUVE DE LA MONDIALISATION

Face à l'augmentation de la population mondiale (sept milliards de personnes aujourd'hui, neuf au milieu

1. Voir Federico Rampini, *Non ci possiamo più permettere uno stato sociale falso*, Laterza, 2012.

du XXIe siècle), le poids relatif de l'Europe diminue. Les Européens représenteront bientôt moins de 7 % de ces neuf milliards, alors que dans les années 1950 ils représentaient encore plus de 20 % de la population mondiale. La population européenne est aussi plus âgée que celles des autres parties du monde, même si des pays comme la Chine seront confrontés assez rapidement au vieillissement consécutif à la politique de l'enfant unique.

Les chiffres de l'accroissement des échanges, qu'il s'agisse des mouvements de population, des flux de capitaux ou des tonnages de marchandises transportées par bateau, sont vertigineux, tout comme ceux des dépôts de brevets ou des masses d'hommes et de femmes qui sortent du dénuement.

Certains Européens, mieux lotis ou vivant dans des pays plus ouverts par tradition, vivent bien la mondialisation économique. Ils y voient des opportunités à saisir, des chances nouvelles de carrière et d'échanges. D'autres, en revanche, notamment dans des États-membres moins performants, ont peur. La révolution technologique, jointe à l'urbanisation, accélère les rythmes au point que les plus faibles, les moins bien formés, se sentent perdus. La concurrence accrue, le jeu plus ou moins loyal de certaines puissances émergentes, l'ampleur des phénomènes migratoires nourrissent la peur de l'étranger. Enfin, l'apparition de menaces vitales mais confuses, du terrorisme au changement climatique, donne à l'adversité un visage insaisissable.

D'où le succès de courants politiques qui jouent sur la demande instinctive de « protection » ou l'illusion de la « démondialisation ».

Notre conviction est que la mondialisation est un phénomène irréversible. Les dégâts causés à l'environnement, le manque de justice sociale, les rivalités autour des ressources disponibles la rendent sûrement chaotique, mais rien n'arrêtera plus la révolution en marche ni les bouleversements géopolitiques qu'elle entraîne. Quant aux ambitions des peuples du Sud, jeunes et dynamiques, elles ne seront pas contenues. Nous devons avoir le courage de le dire, au lieu de faire miroiter d'illusoires alternatives.

Toutefois, il est clair, depuis des années déjà, qu'une globalisation non gouvernée n'est pas durable. L'ouverture des frontières devrait s'accompagner de nouvelles politiques publiques coordonnées, voire supranationales. Pourtant, c'est en Europe, là où le processus de rapprochement supranational est le plus avancé, que la régression menace : au lieu de valoriser soixante ans de savoir-faire et d'aller ensemble de l'avant, les gouvernements s'escriment maladroitement à récupérer un peu de souveraineté, sans d'ailleurs être toujours capables de l'exercer.

Parce qu'elle entraîne une modification paradoxale de la perception du temps et de l'espace, la mondialisation est redoutable : alors même qu'elle appelle des réformes approfondies, à mener dans le temps long, elle accélère les processus et pousse à la vue courte. Alors qu'elle invite à penser « en grand », elle encourage le repli. Le malaise que ressentent les individus, leur impression d'insécurité ne peuvent être affrontés qu'en prenant des décisions à un niveau supérieur, dans des ensembles plus vastes et en envisageant des sacrifices de court terme pour des avantages plus lointains. Mais c'est justement le moment où le cocon national, ou régional, semble le plus rassurant. Et le chômage, la misère appellent des solutions rapides.

Le défi qui se présente à nous, dans une crise apparemment financière, n'est donc pas seulement de trouver des parades techniques aux attaques spéculatives, si utiles soient-elles. C'est de comprendre le sens profond de la construction européenne, de redéfinir sa dimension économique et sociale, à l'heure où le capitalisme de marché, désormais sans rival, a montré ses faiblesses.

Sommes-nous encore d'accord avec l'objectif initial de la Communauté européenne, de l'euro ? Quel prix, en matière de réformes, de souveraineté, sommes-nous prêts à payer pour sauvegarder une société équitable dans le monde nouveau ?

Quoi qu'il arrive à l'euro dans sa forme actuelle ou à l'Union européenne telle que nous la connaissons, cette question restera ouverte car, à cause de la mondialisation, le besoin d'unité perdurera au-delà des vicissitudes, des échecs provisoires ou d'éventuels reculs.

Dans un discours prononcé à Oxford le 4 mai 2012, l'ancien commissaire britannique Peter Mandelson a insisté sur ce point : « Nous excellons à dire *comment* stabiliser la zone euro mais sommes incapables d'expliquer *pourquoi*, pour quels motifs plus élevés, nous devons le faire. »

C'est l'article 3 du traité sur l'Union européenne qui contient les orientations générales de l'UE en matière économique et sociale ; outre qu'elle « a pour but de promouvoir la paix, ses valeurs et le bien-être de ses peuples » (§ 1), on peut y lire que « l'union établit un marché intérieur. Elle œuvre pour le développement durable de l'Europe fondé sur une croissance économique équilibrée et sur la stabilité des prix, *une économie sociale de marché hautement compétitive* qui tend au plein emploi et au progrès social, et un niveau élevé de protection et de la qualité de l'environnement » (§ 3).

Tous les gouvernements européens sont censés s'être approprié cet objectif d'une « économie sociale de marché hautement compétitive ». Mais en dehors de l'Allemagne, où le concept est né, l'engagement reste assez vague. C'est en effet l'économiste allemand Alfred Müller-Armack qui, le premier, en 1947, a formulé le concept de *soziale Marktwirtschaft* [1], mis en œuvre par Ludwig Erhard dans la période qui a correspondu aux débuts de la construction communautaire [2]. Cette phase ayant coïncidé avec les années du « miracle allemand », la période faste de la reconstruction après guerre, le concept jouit d'une grande popularité outre-Rhin.

Il est toutefois difficile à cerner, vu le caractère pragmatique de sa mise en œuvre, dans une phase de reconstruction, comme il est difficile de le transposer en dehors du contexte germanique, marqué par exemple par la participation des syndicats à la gestion des entreprises.

On peut en retenir qu'il combine un attachement fondamental à la liberté d'entreprendre, à l'initiative privée et à la concurrence, avec la conviction que l'État doit veiller à ce que les conditions de fonctionnement

---

1. Alfred Müller-Armack, *Wirtschaftslenkung und Marktwirtschaft* [1947], Verlag für Wirtschaft und Sozialpolitik, 1999.
2. Erhard a été ministre de l'Économie de la RFA de 1949 à 1963, puis chancelier de 1963 à 1966.

du marché soient loyales et porteuses de progrès social. Ainsi, cette doctrine inclut par exemple l'idée qu'une Banque centrale indépendante veille à la stabilité de la monnaie ou qu'une autorité de concurrence vérifie que le jeu des forces du marché n'est pas faussé par des cartels ou autres abus de position dominante.

Dans le même temps, ce concept conçoit la régulation du marché du travail et la défense d'une protection sociale afin d'apporter « le bien être à tous », pour reprendre le titre d'un livre fameux de Ludwig Erhard [1].

Comment parvenir de nouveau à ce « bien-être pour tous » ? Comment combiner le jeu du libre marché et le besoin de régulation publique ?

Il y a urgence à ouvrir un débat sur ces sujets. Nous sommes convaincus, et les réussites allemande et autrichienne en attestent, que le concept est porteur de prospérité ; mais il ne « parle » guère aux citoyens des autres pays d'Europe. Trop souvent, il est tiré à hue et à dia dans des querelles idéologiques assez vaines : la droite oubliant l'impératif de progrès social et de redistribution, la gauche l'importance de la concurrence et des réformes structurelles.

Il y a urgence à traduire les slogans en actes : l'émergence de géants mondiaux, qui est parfois le retour de puissances anciennes à leur rang antérieur, comme la Chine, est un phénomène irrésistible. Si nous nous laissons distancer, nous subirons des conditions de vie dictées par d'autres ou imposées par un état des choses confus.

1. *Wohlstand für Alle* [1957], Anaconda Verlag, 2009.

Comme les cités grecques de l'Antiquité, incapables de s'unir et dont la merveilleuse civilisation s'est assoupie. Comme les villes italiennes dont la splendeur s'est perdue. Comme la république de Venise, morte de n'avoir pas su réagir à la « mondialisation » de son temps, liée aux grandes découvertes. Comme Bruges qui, peu à peu, s'est ensablée…

Nous ne réalisons plus combien ces basculements de l'histoire ont tenu à peu de choses. Le deuxième président de la République italienne, l'économiste Luigi Einaudi, rappelle ainsi que « quelques mois d'hésitations et de divisions des États italiens de la fin du XV^e^ siècle ont coûté à l'Italie la perte de son indépendance pendant trois siècles [1] ».

La classe politique européenne s'abrite derrière des sondages défavorables à l'Europe, sans voir que la défiance se nourrit de sa propre hésitation. En 1950, Robert Schuman n'a pas consulté de « conseillers en communication » ni testé la popularité de ses idées avant de jeter les bases de la réconciliation franco-allemande et de l'Europe unie. Il a fait ce qu'il a cru juste.

L'enjeu d'aujourd'hui n'est pas moindre, avec le danger de voir l'Union européenne terminer sa course, tandis que la raréfaction, à l'échelle mondiale, d'un certain nombre de ressources (énergie, matières premières, eau, sols, nourriture) entraînera des luttes, voire des conflits armés. Nos préoccupations économiques et sociales, si légitimes soient-elles, doivent s'inscrire dans cette perspective plus vaste. Einaudi, si clairvoyant,

1. *La guerra e l'unità europea*, *op. cit.*, 1953, p. 7.

écrivait déjà en 1918 : « Le problème n'est pas de choisir entre être indépendants ou s'unir mais entre exister unis ou disparaître. »

Sans entrer dans le détail des réformes économiques que la poursuite de cet objectif appelle, nous voudrions dire un mot de la nécessité de réformer l'Union économique et monétaire et d'approfondir le marché unique.

## Repenser l'Union économique et monétaire

Tout a déjà été écrit, par les meilleurs experts, dès la création de l'euro, sur l'asymétrie de l'Union économique et monétaire, qui repose sur un volet monétaire à caractère fédéral et un volet économique dont la responsabilité continue d'incomber aux États. Depuis la crise financière des années 2007-2008 et plus encore depuis la crise des dettes souveraines, de nombreuses analyses ont détaillé les défaillances et les remèdes à apporter [1].

Dans les cercles de décision, une prise de conscience est en cours : comme nous l'avons indiqué en introduction, le Conseil européen des 28 et 29 juin 2012 a jeté les bases d'une nouvelle approche ; pour la première fois, il ne se contente pas de prendre des mesures d'urgence, à caractère technique, mais envisage une réponse d'ensemble, en quatre volets : une « union

1. Voir par exemple Jean Pisani-Ferry, *Le Réveil des démons*, Fayard, 2011.

bancaire » avec une supervision plus poussée des banques au niveau européen ; une « union budgétaire », fondée sur l'assainissement des finances publiques et un contrôle mutuel des budgets ; une « union économique », reconnaissant l'importance de la croissance ; enfin, une « union politique » appelant à renforcer la légitimation démocratique des décisions. Et le président du Conseil européen Herman Van Rompuy, assisté du président de la Banque centrale européenne, du président de la Commission européenne et du président de l'Eurogroupe, MM. Draghi, Barroso et Juncker, fera des propositions d'ici la fin de l'année 2012.

Ce Conseil a fait, en quelque sorte, la première échographie de la zone euro en gestation. L'ossature, au moins, est en place. Encore faudra-t-il que cette petite créature, aujourd'hui embryonnaire et fragile, se développe et que, sur ce squelette, prenne chair un corps vivant.

Ce livre entend contribuer à la réflexion collective. À cette fin, nous voudrions prendre un peu de recul, en nous reportant à un rapport rédigé en 1970 [1], sous la direction de Pierre Werner, « concernant la réalisation par étapes de l'Union économique et monétaire ». Sa lecture est édifiante, car les auteurs précisent expressément que « le groupe n'a pas cherché à construire dans l'abstrait un système idéal » mais a proposé « les éléments indispensables à l'existence d'une union

1. C'est-à-dire avant même que les États-Unis abandonnent la convertibilité du dollar en or, ce qui a mis fin aux accords d'après guerre de Bretton Woods et plongé le monde dans un flottement généralisé des monnaies.

économique et monétaire complète [...], le minimum de ce qui doit être fait ». Voyons en quoi consiste ce « minimum ».

L'objectif premier est « le bien-être dans la Communauté et la contribution de cette dernière à l'équilibre économique et monétaire du monde » ; « l'équilibre au sein de la Communauté sera à ce stade réalisé, comme à l'intérieur d'un territoire national, grâce à la mobilité des facteurs de production et aux transferts financiers des secteurs public et privé ».

Le rapport Werner prévoit « des transferts de responsabilité du plan national au plan communautaire [...] pour assurer la cohésion de l'UEM », « maintenus dans les limites nécessaires à l'efficacité », non sans préciser que cela suppose que « les instruments de la politique économique soient harmonisés ».

Il envisage « des objectifs quantitatifs à moyen terme [...] [qui] seront fixés au niveau communautaire pour la croissance, l'emploi, les prix et l'équilibre extérieur ». « La politique conjoncturelle sera décidée dans ses grandes lignes au niveau communautaire » avec « chaque année des budgets économiques normatifs et compatibles », dont la réalisation sera contrôlée ; il envisage même le cas échéant une « gestion harmonisée des budgets nationaux. »

Un « degré suffisant d'harmonisation fiscale sera réalisé, notamment en ce qui concerne la TVA, les impôts susceptibles d'exercer une influence sur les mouvements de capitaux et certaines accises ». Il évoque des politiques structurelles et régionales, environnementales et une politique des transports.

Est prévue une consultation « ayant un caractère systématique et continu » des « partenaires sociaux », « préalablement à l'élaboration et à la mise en œuvre de la politique communautaire », notamment « afin d'éviter l'apparition de divergences excessives, l'évolution des revenus dans les différents pays membres sera suivie et discutée au niveau communautaire avec la participation des partenaires sociaux. »

Et, cerise sur le gâteau, il appelle de ses vœux la création d'un « centre de décision unique pour la politique économique, politiquement responsable devant un Parlement européen ».

L'Union économique et monétaire dans laquelle nous vivons est ainsi très en retrait par rapport aux exigences *minimales* telles qu'elles ont été identifiées à une époque où l'Europe était encore dans les limbes. Il est frappant de voir que les politiques conjoncturelles ou de croissance sont évoquées sans tabou, tout comme l'implication des partenaires sociaux, ou encore le besoin d'un contrôle parlementaire au niveau européen. Ce texte déjà ancien nous aide à mesurer l'étroitesse des raisonnements actuels. Il permet de réaliser que non seulement l'Union économique et monétaire n'a pas été créée sur un fondement aussi solide, mais aussi qu'elle a souffert de trois défauts de conception majeurs.

Nous passerons rapidement sur le premier, consistant à confier le contrôle de la discipline à ceux qui étaient censés la respecter : comme on pouvait s'y attendre, les ministres des Finances chargés de cette tâche ont fait preuve les uns envers les autres d'égards excessifs, pour ne pas dire d'une indulgence coupable.

Les réformes entreprises depuis 2010 (les nouvelles règles de la gouvernance de l'euro contenues dans le « 6 pack » et le « traité budgétaire » notamment) devraient avoir remédié au problème : désormais, les règles sont plus rigoureuses et des procédures nouvelles devraient permettre moins de complaisance, moins « d'échanges de faveurs » entre gouvernements. Sans doute faudra-t-il même aller plus loin pour rendre cette surveillance incontournable ; l'intervention de la Cour de justice, comme dans d'autres domaines du droit communautaire, a été envisagée ; des négociations en cours à ce jour prévoient un contrôle *ex ante* des budgets nationaux par la Commission européenne pouvant conduire celle-ci, dans des circonstances exceptionnelles, à demander à un État de revoir son projet de loi de finances annuelle. Si le système de surveillance mutuelle ne devient pas crédible, les marchés auront du mal à croire à la viabilité de l'euro. Mais ces efforts laissent entière la question de savoir s'il suffit que chacun respecte les règles pour que la monnaie soit confortée.

Le deuxième défaut, que Tommaso Padoa-Schioppa appelait l'illusion de la « maison en ordre [1] », demeure encore ancré dans certains esprits : elle consiste à croire que la santé de l'euro dépend seulement de ce que chaque gouvernement fait chez lui. Si chacun doit naturellement faire sa part d'efforts « à la maison », il serait dangereux de nier le risque de nuisances d'un appartement à l'autre (« les externalités négatives » que nous

1. *Contre la courte vue. Entretiens sur le Grand Krach avec Beda Romano*, Éditions Odile Jacob, 2009, p. 107.

avons déjà rappelées) ainsi que l'existence de « parties communes ».

Là encore, le Conseil européen de fin juin 2012 marque un tournant : en admettant que l'Union économique et monétaire appelle des actions communes, par exemple une supervision bancaire européenne ou des politiques d'investissement communes, les dirigeants sont allés au-delà de la fiction de la « maison en ordre ». En prenant conscience que, dès lors, une refonte des procédures de légitimation démocratique s'impose, ils ont abondé dans la ligne de cet ouvrage. Naturellement, à ce stade, il reste à voir ce qui sortira de cet exercice. Le changement de perspective est si radical, après des années de gestion de la crise au jour le jour, que des réticences vont apparaître.

La question du budget européen offre un bon exemple des difficultés en vue. Dans un ouvrage de ce format, il n'est pas possible d'entrer dans le détail mais chacun comprendra que des politiques communes supposent l'existence d'un budget commun. L'Union européenne, à vingt-sept, possède un budget qui opère déjà un certain nombre de transferts, notamment par le biais de la politique agricole commune et des « fonds structurels » destinés à favoriser le développement économique des régions en retard. Des programmes de recherche existent aussi, depuis des décennies, et de grands investissements ont été engagés, comme le programme international de recherche sur la fusion, ITER. À cet égard, ceux qui, en Allemagne ou dans d'autres pays du Nord, redoutent que l'Union européenne se « transforme » en une « union de transfert » (« Transferunion ») négligent le fait qu'elle en est déjà une.

Toutefois, le budget européen, limité au total à environ 1 % de la richesse commune, n'a pas été conçu pour accompagner la monnaie unique ni favoriser la croissance. La zone euro est impuissante à mobiliser rapidement des sommes qui, par exemple, pourraient être utilisées pour aider l'Espagne à mieux former ses jeunes ou la Grèce à produire à grande échelle de l'énergie solaire. En cas de cycles défavorables, la zone euro est aussi privée d'outils d'action macro-économiques du type de ceux que le gouvernement chinois ou celui des États-Unis ont mis en œuvre fin 2008-début 2009 pour éviter une récession.

Tant que l'Union européenne – ou à tout le moins la zone euro – n'aura pas de budget significatif et demeurera tributaire de contributions nationales, négociées par les gouvernements dans un esprit qui privilégie le « juste retour [1] », l'euro sera privé d'un pilier essentiel de sa stabilité.

Dès la fin du XVIII^e^ siècle, les Américains ont compris, comme le montrent les *Federalist Papers*, qu'il n'est pas possible de répartir l'effort contributif d'États qui se considèrent souverains sans que le partage du fardeau donne lieu à des bagarres et des aberrations. C'est pourquoi ils ont instauré, au bénéfice de la fédération, des impôts (indirects) perçus directement par elle.

Tout en affirmant vouloir faire « tout ce qui est requis pour sauver l'euro », bien des responsables européens

---

1. Le principe du « juste retour » consiste à espérer retirer de l'UE autant que ce qu'on y met ; il a commencé à se faire entendre dans les années 1980, avec Mme Thatcher réclamant : « I want my money back. »

refusent, à ce stade, d'ouvrir ce chapitre. Naturellement, le sujet est extrêmement délicat ; les opinions publiques de certains États membres ont déjà du mal à accepter les « plans de sauvetage » et, avant même que la crise n'éclate, rejetaient l'idée de « transferts ». Mais, pour produire tous ses effets bénéfiques [1], une zone monétaire a notamment besoin que les travailleurs soient mobiles et que des transferts financiers compensent les déséquilibres nés d'une certaine spécialisation.

Aux États-Unis, le budget fédéral a longtemps été faible (du même ordre que le budget de l'UE) ; c'est au moment du New Deal, pendant la crise des années 1930, qu'il a été augmenté.

S'ils veulent conserver l'euro, les Européens ne pourront pas éternellement refuser d'ouvrir ce chapitre. Il est heureux que, dans les discussions en cours sur l'avenir de l'Union économique et monétaire, Herman Van Rompuy s'y essaie.

Notons pour finir sur ce point que la faiblesse du budget européen a une forte incidence sur le fonctionnement de la démocratie en Europe : c'est largement parce que ce budget est maintenu, contre toute logique économique, à des niveaux anormalement faibles et que, dans le même temps, le Parlement européen est toujours privé du droit de se prononcer sur les ressources de l'Union européenne, que la participation des Parlements nationaux à la légitimation du niveau européen se pose dans des termes aussi complexes. Certains voudraient créer de nouvelles institutions ou des procédures compliquées de

1. Voir les travaux du Canadien Robert Mundell sur les zones monétaires optimales.

coopération entre le Parlement européen et les Parlements nationaux, qui risquent de passer, aux yeux du public, pour des « usines à gaz ». Mieux vaudrait raisonner avec plus de rigueur, en commençant par définir quel est le bon niveau de budget pour chaque échelon et prévoir la légitimation démocratique correspondante.

En troisième lieu, la zone euro a souffert du décalage qui existe entre le caractère extrêmement contraignant des règles de discipline budgétaire et le caractère particulièrement évasif des recommandations destinées à améliorer la compétitivité, à développer la recherche et l'innovation ou à lutter contre la pauvreté. Laissées au bon vouloir, pour ne pas dire à la mauvaise volonté des États, ces recommandations sont souvent restées lettre morte.

Lors de la révision de la « stratégie de Lisbonne [1] », au milieu des années 2000, le chancelier Schröder s'est ainsi opposé à la création d'un « tableau de bord » contraignant qui aurait permis à la Commission européenne de faire apparaître publiquement les performances de chaque pays et de procéder à ce que les Anglo-Saxons appellent le *name and shame*, c'est-à-dire l'évocation publique des carences et des retards pris par certains, pour les rappeler à leurs devoirs envers les autres partenaires.

---

1. Stratégie adoptée en 2000 par les chefs d'État et de gouvernement prônant une « économie de la connaissance » en vue de faire de l'UE la zone « la plus compétitive du monde » en une décennie. L'objectif était pertinent, l'urgence bien identifiée, la méthode insuffisante, d'où un fiasco regrettable, du moins dans certains pays.

Pour s'en tenir au volet relatif à l'Union économique et monétaire, un point devra être impérativement examiné pour redonner aux économies européennes le souffle qui leur manque : le traité de Maastricht sépare malheureusement, de manière inopportune, la dépense publique et la dépense privée. Alors même que, depuis les origines de la CEE, les politiques communes sont censées être neutres à l'égard de la nature publique ou privée des acteurs économiques [1], les dépenses publiques sont bridées, même quand elles sont destinées à l'investissement, tandis que les dépenses privées, même improductives voire dangereuses, échappent à tout contrôle. La destination de la dépense – investissement produisant des richesses ou non – devrait être pourtant le seul critère, comme l'ont prouvé les cas de l'Irlande et de l'Espagne : la bonne gestion des finances publiques, dans ces deux pays, n'a pas suffi à assurer la stabilité ; c'est l'afflux de capitaux privés, créant une bulle immobilière, qui les a mis en difficulté.

La croissance ne viendra pas de déficits publics incontrôlés ou du leurre qu'est l'inflation, nous en sommes convaincus, mais l'assainissement des finances publiques ne devrait pas se faire au détriment de l'investissement. Opérer un tri scrupuleux entre les emprunts destinés à préparer l'avenir et ceux qui couvrent des dépenses de fonctionnement inconsidérées relève de notre responsabilité à l'égard des générations futures.

Il est certes difficile de définir ce qu'est une dépense d'investissement (par exemple toute l'éducation pourrait

1. En vertu de l'article 345 du traité sur le fonctionnement de l'Union européenne.

théoriquement être vue comme un investissement d'avenir, puisqu'elle améliore le capital humain) mais ce n'est pas une raison pour ne pas essayer : si, depuis le milieu des années 1990 – quand le Pacte de stabilité a été adopté –, ou au moins ultérieurement [1], la Commission européenne, Eurostat et les services compétents des États membres avaient travaillé à une définition extrêmement rigoureuse de ce qu'est un investissement public profitable à la croissance, si les ministres de l'Économie avaient affiné le Pacte de stabilité et de croissance, déficits et dettes seraient aujourd'hui sous contrôle de manière plus durable, sans effet néfaste sur l'avenir. La zone euro ne connaîtrait peut-être pas les difficultés qu'elle traverse.

Avec le traité budgétaire de mars 2012, une « règle d'or », sur le modèle de celle qui existe dans la Constitution allemande depuis 2009, a été adoptée ; il est positif que les vingt-cinq pays signataires aient ainsi réaffirmé leur attachement à des finances publiques saines. Mais il serait possible de perfectionner le dispositif en s'inspirant des règles constitutionnelles allemandes en vigueur lors de la rédaction du traité de Maastricht, qui prévoyaient que « le budget doit être en équilibre des recettes et des dépenses », mais aussi que « les recettes obtenues par emprunt ne doivent pas excéder le total des dépenses d'investissement inscrites au budget » [2].

1. Voir notamment Mario Monti, « Lettera alla Commissione europea. Per una disciplina di bilancio intelligente », *Corriere della Sera*, 20 octobre 1998.

2. Articles 110 et 115 de la Loi fondamentale allemande.

Lorsque des investissements productifs sont conformes aux objectifs agréés en commun au niveau européen, ils devraient pouvoir, selon nous, dans des conditions précises, être déduits des calculs du déficit ou de la dette.

Certes, comme le commissaire en charge des affaires économiques et monétaires, Olli Rehn, l'a rappelé à plusieurs reprises, la Commission entend désormais appliquer les règles du « 6 pack » et du « traité budgétaire » avec discernement, en tenant compte, pour chaque État, de la « qualité » de la dépense publique. C'est heureux.

Et pour la première fois, lors du Conseil européen des 28 et 29 juin 2012, la question a été abordée dans un esprit ouvert, comme en témoignent ses conclusions selon lesquelles une « attention particulière doit être donnée à l'investissement dans des domaines d'avenir, destinés à renforcer le potentiel de croissance de l'économie ou à assurer le financement durable des retraites [1] ».

Pour tous les critères consistant en des ratios (déficit contenu en-dessous de 3 % du PIB, dette en-dessous de 60 % du PIB), il est particulièrement important de mener ce qu'on peut appeler la « bataille du numérateur » parce que, si la richesse nationale (PIB) n'augmente pas malgré tous les efforts de réduction de déficit ou de dette, l'objectif s'éloigne ; c'est ce qu'on pourrait appeler la « revanche du dénominateur ». À l'inverse, l'augmentation de la richesse nationale aide considéra-

1. Conclusions du Conseil européen, EUCO 76/12, « Compact for Growth and Jobs », § 2.a.

blement à respecter ces engagements, tout en augmentant le bien-être des populations, ce qui est – ou en tout cas devrait être – l'un des objectifs fondamentaux de la politique économique.

Le même exercice de vérité devrait être fait pour le marché unique.

## UNE NOUVELLE STRATÉGIE POUR LE MARCHÉ UNIQUE

Avant la crise, l'euro a trop longtemps été géré sans qu'une attention suffisante soit accordée à l'économie dite « réelle » (le monde des entreprises, les conditions de la croissance et de l'investissement, l'environnement réglementaire par exemple) ; pourtant, on ne peut pas avoir une monnaie florissante ni des budgets publics sains sans une économie solide, appuyée sur un marché unique générateur de gains de productivité. L'Union européenne et les États membres se sont ainsi privés d'une source de croissance, erreur dont les citoyens au chômage aujourd'hui sont les victimes.

Le marché, dans certains pays du moins, est mal aimé. Dans le rapport remis par Mario Monti au président Barroso le 9 mai 2010, intitulé « Une nouvelle stratégie pour le marché unique au service de l'économie et de la société européennes », le constat central est qu'au moment où le marché est « plus nécessaire que jamais », il est malheureusement « plus impopulaire que jamais ». À une certaine routine dans l'intégration européenne s'est ajoutée une lassitude plus spécifique qui touche au marché.

Les critiques exprimées par les populations contre les dérives du marché unique doivent être entendues. Des politiques d'accompagnement, de nature à en limiter les effets négatifs, sont tout à fait concevables. Elles ont même été proposées : le rapport précité se penche par exemple sur la question de la préservation des services sociaux dans un marché concurrentiel. Il contient aussi des idées pour gérer les conséquences des jurisprudences de la Cour de justice sur des cas de détachement de travailleurs d'un pays à l'autre, permettant de contourner les règles du droit du travail ou du droit de grève, qui ont ému les syndicats.

Toutefois, la crise a aussi encouragé une fragmentation qui est préjudiciable à la prospérité collective : par exemple dans le secteur des banques et des assurances, chacun a tendance en ce moment à se replier sur sa « base » nationale ; l'argent ne circule plus comme auparavant d'un pays à l'autre, ce qui nuit au financement des entreprises et des ménages.

Ainsi, au moment où est instruit le procès de la dérégulation, paradoxalement, nous devrions veiller à ne pas aller trop loin dans le démantèlement du marché unique : vu son importance pour la prospérité et même la stabilité du continent, il est capital de le préserver. Une chose est d'en corriger les abus, une autre serait de se priver de l'émulation qu'il crée, du potentiel de croissance et d'emploi qu'il représente. La concurrence dérange, elle bouscule les positions acquises mais c'est bien pourquoi elle est un aiguillon utile.

Le rapport invite ainsi à accorder plus d'attention aux différentes composantes du marché, à cesser de le considérer comme achevé alors même qu'il reste beaucoup à faire, par exemple pour la libéralisation des secteurs encore fermés, notamment les services, ou l'encouragement à la mobilité géographique des travailleurs, si important pour l'emploi. Non seulement le marché unique n'est pas achevé mais il devrait aussi être étendu à d'autres champs d'activité : par exemple, l'économie digitale (e-commerce) constitue un vivier de développement et de postes de travail ; de même la croissance « verte » (sobre en carbone et économe en ressources) pourrait se révéler très prometteuse.

Enfin, l'Union devrait garantir que le marché unique devienne effectivement un espace de liberté et d'opportunité pour tous, citoyens, PME et consommateurs. Trop souvent, des tracasseries, des refus de reconnaître des qualifications ou des entraves aux échanges de tous ordres privent les individus d'en goûter concrètement les avantages. Elle devrait aussi veiller à la cohérence de l'ensemble de ses politiques : par exemple, combiner l'idée d'une politique industrielle avec les contraintes des règles relatives aux aides d'État.

Sans oublier le volet externe du marché unique : les Européens perdent trop souvent de vue la force que leur donne, s'ils sont unis, le contrôle du premier marché solvable de la planète : c'est un formidable atout dans les négociations internationales avec les États-Unis et les pays émergents.

Le chantier est considérable. Il n'y a cependant pas de raison de baisser les bras, notamment parce que la crise, en rebattant les cartes, offre aussi une chance inespérée de trouver un nouveau compromis d'ensemble sur le marché.

En schématisant, nous pouvons dire qu'à la suite des déboires consécutifs à une foi excessive des pays anglo-saxons dans l'autorégulation de la finance, les pays que nous qualifierions d'« économies sociales de marché », au premier rang desquels l'Allemagne et la France, ont gagné en crédibilité. De leur côté, les pays anglo-saxons ont compris qu'ils avaient accordé une confiance excessive aux mécanismes de marché et donné au secteur financier un poids disproportionné, tout en négligeant de porter une attention suffisante aux inégalités et à la consolidation de la protection sociale.

Toutefois, ces derniers ne devraient pas se sentir embarrassés ni les premiers crier trop rapidement victoire : la lucidité n'a pas toujours éclairé les « continentaux », qui se sont eux aussi largement engouffrés dans la voie de la dérégulation, avec les abus qui ont suivi [1]. France et Italie n'ont pas fait mieux en négligeant, des années durant, de faire des réformes.

Disons modestement qu'un certain rapprochement, dû aux circonstances plus qu'à la clairvoyance des uns ou des autres, offre une chance unique de nouer un compromis.

Les « continentaux » accepteraient la dose de libéralisation des services et le surcroît de concurrence qui permettraient de relancer leurs économies ; ce n'est pas en conservant artificiellement des entreprises peu performantes, à coups d'aides publiques, mais en aidant à en

1. En luttant contre les rigidités du marché du travail, le gouvernement Schröder n'a par exemple pas hésité à réduire la protection sociale, d'où une augmentation sensible de la pauvreté en Allemagne.

créer de nouvelles, dans des secteurs d'avenir, en luttant contre les corporatismes et les rentes de situation, en redonnant au mérite la place qui lui revient que l'emploi sera le mieux défendu. La tentation de « pénaliser le nouveau pour aider le vieux » ne concerne pas seulement les entreprises : c'est surtout pour les travailleurs, ou plutôt ceux qui voudraient avoir la chance d'en faire partie, les jeunes à la recherche d'emploi, que cette dérive a eu les pires conséquences. Dans bien des pays d'Europe, le pacte entre générations a été rompu : nos sociétés n'offrent plus aux enfants un avenir décent.

L'engagement renouvelé et contraignant en faveur du marché pourrait dès lors comporter à la fois des mécanismes renforcés pour assurer, là où elles existent, la mise en œuvre des règles communes dont les grands États continentaux ont eu tendance, ces dernières années, à s'affranchir, et des initiatives pour aller plus loin dans les secteurs où le marché n'est pas encore réalisé.

En échange, les pays anglo-saxons, les pays nordiques et d'Europe centrale et orientale accepteraient une dose accrue de coordination fiscale ; sans arriver à une harmonisation complète, impossible et sans doute inutile, le but serait d'éviter la concurrence excessive au sein du marché unique. La création d'une assiette commune consolidée pour l'impôt sur les sociétés est déjà proposée par la Commission européenne, soutenue par la majorité du Parlement européen [1].

1. Proposition de directive du Conseil concernant une assiette commune consolidée pour l'impôt sur les sociétés (ACCIS) [COM/2011/0121] et résolution législative du Parlement européen du 19 avril 2012 sur cette proposition de directive (ACCIS) [T7-0135/2012].

Cette harmonisation de l'assiette permettrait d'éviter les formes les plus graves de *dumping.* D'une manière générale, l'objectif devrait être de rétablir plus d'équité entre la taxation du capital, désormais très mobile, et celle du travail, plus captif.

Aux considérations liées à l'état du marché s'est ajoutée récemment une autre justification : il est assez difficile de demander de douloureux efforts aux salariés modestes d'un pays, comme la Grèce par exemple, ainsi que de faire appel aux contribuables d'autres pays membres pour fournir une aide à Athènes, si les Grecs les plus riches échappent à l'impôt ou expatrient leurs capitaux. Ainsi que nous l'avons déjà indiqué, une dose modérée d'harmonisation fiscale est souhaitable ; elle rendrait les programmes d'austérité plus équitables et plus supportables les appels à la solidarité européenne.

Avec ce compromis, tous les pays membres gagneraient un surcroît de recettes pour financer les politiques nationales. Ils auraient aussi la satisfaction d'avoir mis le marché, aujourd'hui soumis à de violentes attaques, à l'abri d'un péril vital. Nous sommes convaincus que le maintien d'une globalisation ouverte, fondée sur le marché, passe par la sauvegarde, au niveau européen, d'un équilibre entre jeu du marché et responsabilité de la puissance publique, dans l'esprit de l'économie sociale de marché que nous avons évoquée.

Les pays nordiques, attachés à la fois à une conception ouverte, libérale de l'économie et à un modèle social généreux, fondé sur des recettes fiscales élevées, se trouveraient au centre du jeu. Mais tous les pays européens en verraient les bénéfices.

À travers les textes en cours d'adoption [1], préparés par le commissaire Michel Barnier à la suite du rapport précité, la Commission européenne s'est efforcée de redonner un nouvel élan au marché unique. Sans doute faudrait-il s'appuyer sur l'aggravation de la crise, pour que, dans la réflexion lancée par le Conseil européen de juin dernier, à laquelle nous avons déjà fait allusion, le niveau d'ambition soit relevé et que des discussions s'engagent, très concrètement, sur ce possible « compromis » entre pays européens.

Enfin, le rapport évoque la création d'euro-obligations *(eurobonds)* consistant à se substituer à une partie de la dette de chaque État (un pourcentage limité du PIB). La mise en commun de la dette appelle naturellement une discipline budgétaire drastique, effectivement contrôlée, réduisant la prise de risques, et des conditions strictes d'émission, *via* une agence commune. Nous avons conscience des difficultés juridiques et des réticences, tout à fait compréhensibles dans le contexte actuel, des pays du « Nord ». Mais ce n'est pas une raison pour abandonner le projet qui est d'ailleurs étudié aussi bien par la Commission européenne, qui a produit un Livre vert sur la question en novembre 2011 (précité), que par le Parlement européen [2].

La création d'euro-obligations constitue en effet le prolongement naturel de l'existence de l'euro ; elle permettrait à la zone euro de remédier à la fragmentation des marchés de la dette européens et de jouer enfin de son poids mondial. Elle répondrait à une demande des

1. *Single market act.*
2. Rapport d'initiative confié à Sylvie Goulard, en cours d'examen.

investisseurs, notamment les fonds de pension et les compagnies d'assurance, à la recherche de placements qui soient à la fois stables et suffisamment rémunérateurs ; la perturbation actuelle des marchés européens, certains pays bénéficiant de taux nominaux négatifs, d'autres de taux prohibitifs, ne favorise pas leur activité. En faisant baisser le coût de l'endettement des pays ayant engagé des réformes courageuses, elle permettrait aussi de dégager des marges de manœuvre pour l'investissement productif.

Des idées intéressantes ont également été émises par l'ancien président du Conseil italien et ancien président de la Commission européenne, Romano Prodi, et l'économiste Alberto Quadrio Curzio [1]. Ils proposent de confier l'émission d'euro-obligations à un fonds auquel les États participants remettraient des dépôts d'or ou des parts de sociétés rentables. Ces garanties permettraient de réduire les risques pris par les pays jouissant de la meilleure signature. Les fonds collectés seraient en partie employés à réduire la dette, en partie consacrés à investir pour l'avenir.

Rappelons que c'est en mettant la dette des États confédérés en commun, en 1790, qu'Alexander Hamilton, secrétaire d'État au Trésor, a fait franchir aux États-Unis une étape majeure [2]. Il est vrai qu'au préalable, les

---

1. « EuroUnionbond per la nuova Europa », *Il Sole 24 ore*, 23 août 2011 ; « EuroUnionbond : i perchè di un rilancio », 26 août 2012.

2. Pour plus de détails, lire la passionnante étude de Randall C. Henning et Martin Kessler, *Fiscal Federalism : US History for Architects of Europe's Fiscal Union*, Bruegel Essays and Lectures, 2011.

Américains avaient adopté de nouvelles règles constitutionnelles et créé un centre fédéral de décision. Hamilton n'en a pas moins dû livrer une bataille féroce à l'issue de laquelle, pour l'anecdote, le District of Columbia fut créé autour de la capitale, Washington.

Avant la décision d'Hamilton, plusieurs États étaient menacés de défaut ; les États-Unis étaient dépourvus d'un secteur bancaire et même d'une devise dignes de ce nom. En faisant prendre en charge par la fédération les dettes des États, contractées au moment de la guerre d'indépendance, d'un montant très élevé par rapport à la richesse nationale, il a pris un risque financier considérable mais il a surtout fait preuve d'une grande hardiesse constitutionnelle, le texte de Philadelphie n'ayant pas prévu de pouvoirs explicites l'autorisant à aller si loin. La dette de guerre des États-Unis sera finalement restructurée et remboursée dans son intégralité.

Il est intéressant de noter que sa motivation principale n'était pas d'ordre financier ; elle consistait à servir son grand dessein politique, visant à créer un sentiment d'appartenance à la toute nouvelle Union. La zone euro cherche encore son Hamilton.

## Conclusion

Les sociétés européennes sont traversées de tensions qui, en grande partie, sont liées à la montée des inégalités. Non seulement l'Union européenne comme la zone euro ne sont pas gouvernées « par le peuple » mais elles sont perçues comme ne faisant pas assez « pour le peuple ». Sans tomber dans la démagogie ni sous-estimer ce qui a été accompli, nous devons admettre qu'une grande espérance a été déçue.

Le fait qu'à ce jour ces tensions soient supportées n'assure pas qu'elles restent supportables, surtout si la mondialisation s'accélère. Déjà les extrêmes progressent de manière inquiétante dans certains pays d'Europe.

Dans la seconde moitié du XIX^e^ siècle, des courants « national-protectionnistes » réclamaient déjà, comme certains partis aujourd'hui, des mesures privilégiant les salariés nationaux ou instaurant des protections et barrières douanières diverses [1]. Les mêmes causes – la mondialisation, des bouleversements des conditions de production industrielle – ont produit les mêmes effets, au service d'idéologies de repli, parfois xénophobes. La réponse avait alors consisté à inventer les assurances sociales et l'impôt sur le revenu, à vocation redistributive. Quelle sera la nôtre ?

La question n'est pas, comme certains le répètent à l'envi, de faire « l'Europe sociale », sans qu'on sache d'ailleurs ce que cela signifie dans une Union aussi hétérogène, ni de défendre, de manière immuable, des « droits acquis ». C'est au contraire de prendre un peu de hauteur et de s'intéresser aussi aux *droits qui n'ont jamais été acquis*, notamment ceux des jeunes et ceux des générations à naître, que les démocraties nationales ont bafoués, en accumulant les dettes et en surexploitant la planète.

Si l'Union européenne n'est pas capable de tenir son rang dans la compétition mondiale, si elle ne met pas

1. Voir Pierre Rosanvallon, *La Société des égaux*, *op. cit.*, p. 183 et suiv.

en œuvre des politiques améliorant la productivité de ses entreprises, encourageant l'innovation et créant des richesses, toutes ses prétentions à peser dans le monde comme à perpétuer son « modèle social » ne seront que littérature.

Cette exigence de modernisation et d'effort vaut tout particulièrement pour limiter la pauvreté et l'exclusion. Et elle ne doit pas écarter ceux qui *a priori* semblent les moins compétitifs et que nos sociétés rejettent souvent faute d'avoir su concevoir avec eux les politiques adéquates qui les feraient décoller [1].

Une demande revient jusqu'à l'obsession dans les discussions avec les plus démunis : la quête de dignité, la volonté d'être reconnus comme des citoyens à part entière. Les politiques sociales ne sont pas une charité, un os qu'on jette à ceux que la mondialisation laisse sur le bord de la route. Il existe, dans toutes les classes sociales, des savoirs et des talents que nous laissons dépérir. De tous les gaspillages de notre temps, c'est sans doute le plus odieux.

Depuis que Tocqueville a identifié la quête d'égalité comme un moteur puissant d'évolution des sociétés, la reconnaissance formelle de droits économiques et sociaux n'a fait que progresser, la demande de justice sociale, en Europe du moins, ne s'est jamais démentie. Les Européens ont même joui, depuis la fin de la guerre, d'un environnement social dont ils n'ont pas toujours

1. Pour une réflexion globale sur les politiques de pauvreté, voir le remarquable ouvrage d'Abhijit V. Banerjee et d'Esther Duflo, *Poor Economics, a Radical Rethinking of the Way to Fight Global Poverty*, Public Affairs, 2011 ; trad. fr. *Repenser la pauvreté*, Éditions du Seuil, 2012.

conscience qu'il a été sans équivalent dans le temps, depuis les débuts de l'humanité, et qu'il reste largement inégalé dans l'espace.

S'ils veulent le préserver, l'heure n'est plus au replâtrage. Elle est à la transformation de l'esprit public.

# Chapitre 4

## L'ESPRIT PUBLIC

On dirait que les souverains de notre temps ne cherchent qu'à faire avec les hommes des choses grandes. Je voudrais qu'ils songeassent un peu plus à faire de grands hommes, qu'ils attachassent moins de prix à l'œuvre et plus à l'ouvrier ; et qu'ils se souvinssent sans cesse qu'une nation ne peut rester longtemps forte quand chaque homme y est individuellement faible, et qu'on n'a point encore trouvé de formes sociales ni de combinaisons politiques qui puissent faire un peuple énergique en le composant de citoyens pusillanimes et mous.

Alexis de Tocqueville [1]

Tout sur terre appartient aux Princes, hors le vent.

Victor Hugo [2]

---

1. *De la démocratie en Amérique*, *op. cit.*, p. 848.
2. « La Rose de l'infante », *La Légende des siècles*, I, 9.

À première vue, l'entreprise d'unification européenne est infiniment plus téméraire que celle des Américains au XVIII^e siècle : elle consiste à rassembler cinq cents millions d'habitants (trois cent trente millions dans la seule zone euro), répartis dans une vingtaine d'États aux identités marquées, largement sécularisés. Pendant des siècles, les Européens se sont fait des guerres atroces, non sans nouer des liens culturels et des échanges commerciaux.

Selon ses fondateurs eux-mêmes, la démocratie américaine s'appuie sur « un peuple descendant des mêmes ancêtres, parlant la même langue, professant la même religion, attaché aux mêmes principes de gouvernement, uni par des manières et coutumes très semblables et ayant établi la liberté et l'indépendance en combattant, côte à côte, dans une guerre longue et sanglante [1] ». La cohésion des petites nations américaines, peu nombreuses (treize lors de l'unification) et peu peuplées (treize millions d'habitants environ), frappe le visiteur étranger.

---

1. *Federalist Papers*, n° 2, *op. cit.*, p. 9.

Toutefois, de fortes dissensions existaient déjà aux États-Unis à la fin du XVIII^e siècle et ont perduré au point de causer, de 1861 à 1865, une guerre civile meurtrière [1].

Fascinés, à distance, par la puissance de l'État fédéral américain, nous finissons par idéaliser la situation et oublier que « la forme de l'État fédéral a paru la dernière », comme le rappelle Tocqueville [2].

Ce serait une erreur de prendre pour une évidence ce qui, aux États-Unis, a requis de patients efforts. Le pari d'unir les Américains a été fait sous d'autres auspices, en d'autres temps, avec d'autres atouts. Mais il n'était pas non plus gagné d'avance.

Il serait tout aussi regrettable de ne pas voir ce qui a déjà été accompli en Europe : en quelques années, l'Union européenne a consolidé son marché, elle s'est dotée d'une monnaie et son territoire s'est étendu vers l'Est pour atteindre la taille du continent. En revanche, elle a trébuché au moment de se doter d'une constitution et d'un centre de décision que les Américains ont su mettre en place très tôt dans leur histoire.

Dans le roman d'Italo Calvino, *Le Chevalier inexistant*, un paladin qui n'a pas de corps sert dans l'armée de Charlemagne. L'armure vide, « au beau plumail iridiscent », répond à l'Empereur qui lui demande comment il s'acquitte de ses charges : « À force de volonté, Sire, et de foi en la sainteté de notre cause [3]. »

1. Voir Randall Henning et Martin Kessler, *US History for Architects of Europe's Fiscal Union*, *op. cit.*

2. *De la démocratie en Amérique*, *op. cit*, I, p. 63 et suiv.

3. Éditions du Seuil, « Points », 1995, p. 14.

L'humour de Calvino fait réfléchir. Existe-t-il aujourd'hui une *volonté* d'exister en tant qu'Européens ? Avons-nous seulement cherché à créer des liens entre Européens ou, enfants gâtés de la paix, avons-nous pensé que la concorde allait perdurer sans efforts ?

À part le programme d'échanges d'étudiants Erasmus initié par Jacques Delors, ou l'appel de l'historien et député européen Bronislaw Geremek qui voulait « faire les Européens », l'aspect humain de l'unification européenne a été incroyablement négligé. Des institutions et des procédures ont été créées, des règles ont été négociées, des mécanismes de sanction ont été mis en place, mais les êtres humains qui peuplent l'Union européenne en sont le parent pauvre. Or ils sont la clé du succès de l'entreprise européenne. Ce sont eux qu'il faut convaincre et enthousiasmer.

Après plusieurs années de crise, l'analyse rationnelle de la situation comme les coûts d'une éventuelle dislocation poussent à l'unité mais nous sommes convaincus qu'il ne sert à rien, qu'il est même contre-productif, de marteler devant des opinions publiques réduites à la passivité qu'« il n'y a pas de solutions alternatives ». Ou de toujours compter sur la raison pour emporter l'adhésion.

L'histoire de l'Europe abonde en choix erronés, en décisions parfaitement irrationnelles qui ont coûté la vie à des millions d'hommes et ravagé le continent. À trop négliger les émotions, à trop miser sur le primat d'intérêts souvent bien abstraits pour les populations, nous pourrions avoir de mauvaises surprises. L'essentiel, pour faire de la construction européenne un projet durable, est d'en revivifier l'esprit.

Or, non seulement les Européens ont consacré trop peu de moyens au rapprochement des hommes, mais ils ont laissé des forces mauvaises se déchaîner. Perdant le sens des mots, ils ont trop souvent oublié la vérité profonde de leur histoire. Pour réussir, l'Europe ne peut plus être « octroyée ». Elle doit impliquer les Européens, les placer devant leurs responsabilités mais aussi leur ouvrir des horizons, nourrir leurs rêves.

## L'ESPRIT DE NÉGATION

Dans sa pièce de théâtre *Faust*, Goethe fait dire à Méphistophélès : *« Ich bin der Geist der stets verneint »* (« Je suis l'esprit qui sans cesse nie »). Pour le grand écrivain allemand, la marque du Malin se reconnaît à l'esprit de négation.

Or c'est bien un climat malfaisant qui, depuis quelques années, défait l'Europe. Sans un respect accru pour l'œuvre commune, sans une attitude plus attentive, plus responsable, nous voyons mal comment une ambition aussi exigeante pourrait s'épanouir.

Le meilleur moyen de révéler le décalage entre les discours et les actes est sans doute d'en rire. Dans ses *Lettres persanes*, c'est par l'ironie que Montesquieu fait ressortir les travers de son temps. Il recourt à un artifice, la prétendue correspondances de deux « Persans », Usbek et Rica, en visite à Paris, afin de faire apparaître quelques vérités qui dérangent. En l'occurrence, le détour par le regard de « Persans » est indiqué, car, dans la crise de la dette souveraine, ce sont souvent des investisseurs lointains, ignorants des réalités européennes, qu'il s'agit de convaincre.

Authentiques Persans ou gestionnaires de fonds venus d'ailleurs, imaginons un instant ce qu'observeraient Usbek et Rica en voyage dans la zone euro, en 2012, alors même que les dirigeants européens veulent leur donner confiance dans la monnaie unique :

– des dirigeants qui, des années durant, au nom d'une conception exacerbée de la souveraineté nationale, se sont affranchis de leurs engagements envers l'Europe, ce qui vaut à certains d'entre eux d'avoir encore moins de souveraineté... sous la pression des marchés ;

– des sociétés *a priori* sophistiquées qui reportent sans cesse les réformes nécessaires, en espérant sans doute que... leur vieillissement et le bouleversement du monde ne seront pas inéluctables ;

– des dirigeants qui ont annoncé vouloir faire « tout ce qui est requis pour sauver l'euro »... à condition de ne pas trop changer leurs habitudes, de ne pas augmenter d'un centime le budget européen et de ne transférer « à Bruxelles » aucune parcelle de souveraineté, du moins... pas avant les prochaines élections ;

– des commentateurs qui fustigent les défauts de l'Europe mais lui consacrent moins de temps, sur les ondes et dans leurs colonnes, qu'aux petites phrases de la classe politique, au temps qu'il fait et aux peines de cœur des *people* ;

– des partenaires de pays européens n'ayant pas adopté l'euro qui déplorent en permanence, avec des larmes de crocodile, « les failles de la gouvernance de l'euro » mais tentent, au Conseil européen, de monnayer tout appui à sa réforme…

Nous pourrions poursuivre encore longtemps mais craignons qu'Usbek et Rica en aient déjà assez vu. Et l'ironie, arme à double tranchant, laisse dans l'ombre tout ce qui fonctionne bien : des gouvernements qui tiennent bon contre les lobbies, malgré la dureté des réformes ou le coût des mesures de sauvetage ; des députés européens et des commissaires courageux qui résistent aux étroitesses nationalistes ; des fonctionnaires européens et nationaux dévoués, malgré la durée de la crise, si éprouvante ; des citoyens qui votent en faisant passer la raison avant le cœur ; des banquiers centraux qui prennent leurs responsabilités.

Rien d'étonnant aux résistances d'arrière-garde. Là encore, l'exemple américain est éclairant : « Parmi les obstacles les plus considérables que la nouvelle constitution devra affronter, on distingue déjà l'intérêt évident d'un certain groupe d'hommes, dans tous les États, à résister à tous les changements qui peuvent entraîner une diminution de leurs pouvoirs, de leurs émoluments et avoir la moindre conséquence sur les charges qu'ils occupent dans les institutions d'États [1]. »

L'idée d'une « résistance » farouche à l'édification des États-Unis d'Amérique venant de quelques bons esprits défendant leurs prérogatives dans le gouvernement de Rhode Island ou du Connecticut fait aujourd'hui sourire. Espérons que la résistance des échelons nationaux à l'unité européenne nous fera rire un jour, quand elle appartiendra au passé. Si les adversaires de l'Union

1. *Federalist Papers*, n° 1, *op. cit.*, p. 4.

venaient à l'emporter, l'avenir serait beaucoup moins drôle.

Le dénigrement confine parfois à la schizophrénie : ainsi, par exemple, au G20, les Européens ont promis, en 2009, la mise en place d'une supervision financière solide ; mais, dans les négociations avec le Parlement européen en vue de la mise en place d'autorités de contrôle des marchés, des banques et des assurances, plusieurs ministres des Finances ont surtout cherché à garder les marges de manœuvre nationales les plus étendues possibles.

Ainsi, contrairement à ce qu'on entend parfois, l'Union européenne n'a pas besoin d'une meilleure « communication ». Elle a besoin d'engagement à la servir. Nul ne demande aux Européens de professer la « foi en la sainteté de notre cause », comme dirait le chevalier inexistant, mais de faire preuve d'une cohérence minimale.

Il suffirait de peu : par exemple un peu de retenue durant les campagnes électorales pour éviter d'accabler l'Europe et mieux expliquer les positions des partenaires ; un peu de discipline collective, devant la presse, à la sortie des réunions pour préserver la crédibilité commune ; un travail un peu plus approfondi, et un peu plus régulier, des médias, notamment des télévisions, pour expliquer plus objectivement ce qui se passe « à Bruxelles » ; un peu moins de complaisance envers certains tabloïds qui ont perdu tout sens commun ; un peu d'autorité pour remettre en place les nationalistes qui, en d'autres temps, seraient tombés au front à vingt ans, au lieu d'avoir le luxe de passer leur vie à dénigrer l'Europe.

Dans son discours à l'université Humboldt à Berlin [1], le président Napolitano a mis en garde sur le danger de considérer la construction européenne comme un « don de la Providence » alors qu'elle est le fruit d'une volonté constante et d'une méthode délibérée.

Ne nous faisons pas d'illusion : les populismes menacent de détruire l'Europe et pourtant l'unification européenne, en ouvrant de nouveaux horizons de temps, vers un projet de société, et en apportant aux Européens des pouvoirs d'influence plus larges, incluant une vision renouvelée de l'organisation du monde, est la seule réponse durable au populisme.

À nos yeux, l'urgence est donc moins la révision des traités que le respect de leur esprit. Naturellement, la critique de l'Union est non seulement permise – ce livre entend y contribuer – mais salutaire. Elle doit toutefois être faite avec mesure et discernement, en ayant conscience qu'un phénomène nouveau est en train de se produire, bien identifié par le financier américain George Soros, dont les réflexions sur l'Europe sont très stimulantes [2]. Pour lui, quand l'Union européenne a été créée, les dirigeants étaient à la pointe de l'intégration européenne. Mais, depuis que la crise a éclaté, ils se consacrent surtout à protéger le *statu quo*, renvoyant dans le camp eurosceptique ceux qui, par convictions européennes, sont justement défavorables à ce *statu quo*

1. Lectio magistralis del Presidente della Repubblica Giorgio Napolitano all'Università Humboldt dal tema : « Sciogliere l'antico nodo di contrastanti visioni del progetto europeo. Far emergere una nuova volontà politica comune », Berlin, 27 novembre 2007.

2. Discours à Trente, « The festival of economics », 2 juin 2012.

et aux demi-mesures. Ils ont ainsi mis en œuvre une machine à désintégration, car désormais l'esprit de négation est nourri à la fois par l'hostilité des adversaires de l'Europe et par l'amertume de ses partisans.

D'où une confusion qui se ressent tout particulièrement dans le vocabulaire : les Européens devraient s'inquiéter de ne plus trouver les mots pour dire ce qu'ils font ensemble.

## Les mots pour le dire

Pourquoi avons-nous besoin de termes obscurs comme « gouvernance » ou « gouvernement économique » pour désigner les modes d'action européens ? Est-ce parce que les procédures sont effectivement innovantes ou pour masquer leurs limites et leurs contradictions derrière un écran de fumée ? Que cache le terme « coordination » ? « Ce qui se conçoit bien s'énonce clairement », dit la tradition classique française sous la plume de Boileau. L'Europe en est loin.

Le concept de « gouvernance », d'origine américaine, est d'usage récent. Selon le professeur de sciences politiques Jean-Louis Quermonne, le terme est censé désigner de « nouveaux modes de régulation faisant appel à la concertation, à la négociation, à la coordination et à l'évaluation, plutôt qu'à l'exercice par la puissance publique de pouvoirs régaliens [1] ».

Toutefois, le terme est utilisé aussi bien dans ce sens étroit que dans une acception plus large qui serait plutôt

1. *L'Europe en quête de légitimité*, Presses de Sciences Po, 2001, p. 75.

celle de *governo* en italien, l'art de gouverner, au sens que lui confèrent les magnifiques fresques d'Ambrogio Lorenzetti, au Palazzo Pubblico de Sienne.

Il est très intéressant de relire le Livre blanc que la Commission européenne a consacré à ce sujet en juillet 2001, à l'initiative du président Romano Prodi. Ce document, antérieur au lancement de la Convention destinée à rédiger le traité constitutionnel [1], est animé par l'espoir d'améliorer la gouvernance européenne, en attendant l'avènement de réformes de plus grande ampleur [2]. Mais il ne la définit pas, adoptant implicitement l'acception large qui englobe aussi bien des procédures informelles que des prérogatives régaliennes.

C'est dans ce sens que le concept est le plus souvent employé aujourd'hui, par exemple quand on parle de « gouvernance de la zone euro » pour évoquer à la fois les mesures budgétaires et les politiques économiques qui relèvent des États et les procédures de surveillance, les recommandations qui incombent aux institutions européennes. La matière est si complexe que même un citoyen avisé, bien informé, a du mal à savoir « qui fait quoi ». Où s'arrête la recommandation et où commence la prérogative de puissance publique contraignante ? Qui exerce les contrôles ultimes, parlementaires ou juridictionnels, sur ces décisions ? Jürgen Habermas estime quant à lui que « le joli mot de gouvernance n'est qu'un euphémisme pour désigner une forme dure de domina-

1. Et donc au traité de Lisbonne en vigueur aujourd'hui.

2. Commission, *Gouvernance européenne : un Livre blanc*, 25 juillet 2001, COM (2001), 428 final.

tion politique qui ne repose que sur le fondement, faiblement légitimé, des traités internationaux [1] ».

Il n'est pas facile de savoir si le concept de « gouvernance de la zone euro » recoupe celui de « gouvernement économique », fréquemment utilisé dans le débat français, employé du bout des lèvres par les autorités allemandes, doublement ambigu, car il fait miroiter l'existence d'un centre de décision, d'un organe à caractère exécutif – qui n'existe pas à proprement parler –, tout en laissant complètement de côté la question de son contrôle démocratique par une assemblée parlementaire.

À la faveur de la crise, d'autres termes hermétiques se sont multipliés : une *« troïka* [2] », accompagnée d'une *« task force »* surveillent l'évolution de la Grèce. Personne, dans le grand public, ne sait comment le pouvoir est effectivement exercé par ce trio dont les prérogatives sont aussi étendues qu'opaques. Quel rôle joue le Fonds monétaire international (FMI), organisation internationale, par rapport à des organes communautaires comme la Commission et la Banque centrale ? Comment celle-ci assure-t-elle son indépendance ? Les fonctionnaires des pays qui ne sont pas membres de la zone euro jouent-ils un rôle dans ces équipes ? Ce sont des questions légitimes qui ne trouvent pas toujours de réponses.

La notion de coordination crée, quant à elle, des attentes qui sont en général déçues. Le Conseil européen

1. *Le Monde*, 17 novembre 2011.
2. Fonds monétaire international, Banque centrale européenne et Commission européenne.

promet souvent une « meilleure coordination » mais Tommaso Padoa-Schioppa doutait qu'elle fût possible : « Une action coordonnée [...] présente une contradiction dans ses termes. Si elle est "coordonnée", l'action n'est pas unique. Si elle est "unique", alors elle n'a pas besoin d'être coordonnée [1] », faisait-il remarquer.

Or cette confusion sémantique renvoie à des réalités douloureuses pour des millions d'Européens : le manque de compétitivité de l'UE a en effet des conséquences dramatiques sur la croissance et l'emploi. Il est largement dû au choix, opéré en 2000, de recourir à une prétendue « méthode ouverte de coordination », non contraignante, pour mener à bien les réformes en matière de recherche et d'innovation, d'éducation, de modernisation des marchés du travail. Comme nous l'avons rappelé, les progrès étaient laissés au bon vouloir des gouvernements, prompts à promettre, lents à tenir.

Si, à ce moment-là, les gouvernants européens ne s'étaient pas gargarisés de paroles, la zone euro n'aurait peut-être pas pris le retard que les chômeurs paient si cher aujourd'hui. L'une des urgences du moment est que les dirigeants européens cessent de se bercer de mots.

La crise a prouvé que ni les marchés ni les ministres des Finances ne se régulent spontanément. Pourtant, certains feignent de continuer à croire à ce qu'il faut bien appeler une autorégulation des États. Il est vrai qu'elle arrange tout le monde, car elle dérange très peu.

Le comble est que les Européens ne savent toujours pas comment désigner la construction européenne elle-

1. *Contre la courte vue, op. cit.*, p. 149.

même. Les experts disent qu'elle est *sui generis*, ce qui est à la fois une réponse exacte et une pirouette. Tant que les citoyens goûtaient la prospérité, cela pouvait leur suffire. Aujourd'hui, c'est un peu court.

Après avoir qualifié l'Europe d'« objet politique non identifié », Jacques Delors a développé le concept intéressant de « fédération d'États-nations [1] » qui tente une synthèse entre fédéralisme et préservation des nations. Le président Barroso l'a d'ailleurs repris dans son discours sur l'État de l'union, en septembre 2012. Malheureusement, pour les investisseurs lointains comme pour les Européens de la rue, cette délicate combinaison des contraires est un peu trop subtile.

Tocqueville admet que « l'esprit humain invente plus facilement les choses que les mots [2] ». Il ne cache rien des tâtonnements des Américains qui ont d'abord créé une confédération – insuffisante – avant d'avoir le courage de « corriger leurs lois » et, grâce à la convention de Philadelphie, de donner naissance aux États-Unis d'Amérique. Les Européens devraient moins se désoler de n'être pas arrivés du premier coup à trouver une forme de gouvernement idéale que s'y atteler de nouveau, sans retard.

Nous sommes convaincus que, plus les dirigeants européens resteront dans l'ambiguïté, moins les citoyens et les partenaires des pays tiers croiront à l'Europe. Ce n'est pas une question théorique mais une faille aux

1. Voir, pour plus de détails, Gaëtane Ricard-Nihoul, *Pour une fédération européenne d'États-nations. La vision de Jacques Delors revisitée*, Éditions Larcier, 2012.

2. *De la démocratie en Amérique*, *op. cit.*, p. 177.

conséquences concrètes. C'est même une question d'argent, car notre goût des oxymores nous coûte une fortune en taux d'intérêt.

Sinon, comment expliquer que le Japon, le Royaume-Uni ou les États-Unis, plus endettés, plus fragiles que la zone euro (considérée comme un ensemble consolidé), se refinancent à moindre coût ? Pourquoi la pérennité de la livre sterling, du yen et du dollar n'inquiète-t-elle pas les investisseurs ? Principalement parce que ce sont des monnaies adossées à un État solide : au Royaume-Uni, au Japon, une monarchie séculaire, prestigieuse, dont la dynastie est bien établie ; aux États-Unis, la première puissance du monde, dotée de moyens technologiques et militaires considérables.

Aux débuts de l'euro, le fait que la monnaie européenne n'ait pas été adossée à un État l'a vraisemblablement servie, quoi qu'en disent ses détracteurs : la Banque centrale a pu affirmer son indépendance sans subir de pressions d'un pouvoir politique centralisé. L'histoire de certaines banques centrales européennes, longtemps mises dans l'incapacité, par le pouvoir politique national, de juguler l'inflation ou d'agir en toute indépendance, montre que le risque d'interférence nocive d'un État avec la monnaie n'est pas négligeable. En revanche, dans la crise, l'absence d'un pouvoir politique identifiable s'est retournée contre la monnaie unique.

Voilà où nous en sommes. La « gouvernance », la « coordination » ont atteint leurs limites. Il est temps de mettre fin aux zones d'ombre, propices à toutes formes de spéculations. Nous ne prétendons pas détenir « la » réponse pour y remédier mais nous voudrions inviter les Européens à l'élaborer.

Les concepteurs de l'Europe communautaire n'ont jamais prétendu créer un régime politique éternel. Jean Monnet a même conclu ses *Mémoires* en précisant que la Communauté n'était qu'« une étape vers les formes d'organisation du monde de demain ». Sommes-nous arrivés à ce point ? Pouvons-nous faire un bond en avant ? Comme nous l'avons déjà dit, plusieurs options sont ouvertes. L'essentiel serait surtout d'assumer les choix opérés, en cessant de vouloir tout et son contraire. En tout cas, pour progresser, deux conditions nous paraissent devoir être remplies.

D'abord, comme Jean Monnet en son temps, que nous ne nous perdions pas dans des débats sans fin sur des formes d'organisation politique qui ne passionnent pas les foules ; Monnet n'a « jamais douté que ce processus nous mène un jour à des États-Unis d'Europe » mais, usant de l'article indéfini, il s'est bien gardé de donner d'autres précisions. Comme Altiero Spinelli, il savait allier l'idéal à un solide sens des réalités. C'est sans doute dans la boîte à outils fédérale qu'il faudra piocher, car elle contient des instruments utiles et éprouvés, comme le fonctionnement de certaines institutions européennes existantes le démontre (la Cour de justice, la BCE par exemple).

Comme l'a écrit le président de la BCE Mario Draghi dans *Die Zeit*, l'avenir n'est toutefois ni dans le *statu quo* ni dans l'illusion qu'il existe *une* solution fédérale toute faite, qui soit la panacée [1].

1. En anglais sur le site de la BCE, « The future of the euro, stability through change », 29 août 2012.

Ensuite que les responsables politiques s'engagent vraiment : pour franchir certaines étapes, il faudra que les dirigeants fassent preuve de *leadership*, comme on dit en anglais, qu'ils jouent de leur autorité morale. Or une certaine pusillanimité est à craindre : les référendums négatifs, qui n'ont pas donné lieu à un travail de substance, ont laissé des traces ; certains gouvernements de coalition tiennent à un fil ; les scores des mouvements populistes, nationalistes, voire xénophobes font vaciller les partis modérés. Les dirigeants ne pourront toutefois pas éluder durablement la question. Et leur propre attitude est décisive pour faire évoluer les esprits. S'ils doutent de convaincre leurs peuples, ils ne les convaincront jamais.

Cet effort sur l'esprit et sur les mots ne nous dispense évidemment pas de développer une vision positive : pourquoi « faire l'Europe » ?

Par-delà les frontières de nos nations, existe-t-il ce que Goethe appelle du merveilleux mot allemand *Wahlverwandschaft*, cette parenté choisie, traduite en français ou en italien par « affinités électives » *(affinità elletive)* ?

## Les affinités électives

De même que les cartes de géographie ne dessinent pas le contour exact de l'Europe, l'histoire ne livre pas son mystère. L'identité européenne s'est nourrie à plusieurs sources, comme si son destin était justement d'être toujours un peu « décalée » : la Grèce lui a fait don de ses inventions sublimes, de la démocratie à la géométrie, du théâtre à la poésie, mais le plus grand ouvrage grec, l'*Iliade*, se joue en Asie Mineure. Le rayonnement de saint Augustin nous rappelle que Rome était à cheval sur les deux rives de la Méditerranée. La chrétienté, qui a tant modelé l'Europe, est venue d'Orient. Byzance existait encore longtemps après la fin de l'Empire romain d'Occident. Et l'Europe ne se résume par à l'équation Athènes + Rome + la chrétienté : ne serait-ce que dans certaines régions de l'Union actuelle se sentent les influences des mondes arabe, nordique, celte.

Certains attribuent la désaffection des populations européennes à ce que l'Europe aurait d'« artificiel ». Mais nos histoires nationales fourmillent de fictions et de mises en scène !

Les nations sont le fruit de processus volontaires, comme en attestent les efforts patients, au fil des siècles, des rois de France ou ceux, plus récents, d'hommes tels que Bismarck et Cavour. Mariages, conquêtes, ruses et ballets diplomatiques se sont succédé, qui ont fait de nos États ce qu'ils sont. Sans parler de la propagande – il n'y a pas d'autre mot – dont témoignent certains livres pour enfants du XIXe siècle, comme *Cuore* d'Edmondo De Amicis [1], au service de l'unité italienne, *Le Tour de la France par deux enfants* [2] et les albums de Hansi à la gloire de l'Alsace-Lorraine, ou encore les cartes faussement puériles, affreusement germanophobes, du dessinateur Poulbot.

Emmanuel Berl, intellectuel français du siècle dernier, écrivait avec clairvoyance : « Ces histoires nationales sont

1. *Cuore*, Fratelli Treves, 1886.
2. G. Bruno, *Le Tour de la France par deux enfants*, Librairie Belin, 1877.

dans une large mesure des mythologies auxquelles le XIXe siècle a conféré une extraordinaire puissance lyrique et un extraordinaire pouvoir émotif. Elles ne tendaient pas seulement à magnifier les patries mais à justifier, à attiser leurs rivalités [1]. »

Il ajoute aussi, plus malicieux : « Les États nationaux [...] obligent leurs écoliers à dire "nous" même quand ce nous est absurde ; les petits Basques parlent de "leurs ancêtres les Gaulois" ; les écoliers de Nice doivent connaître les rois de France, quitte à ignorer les rois de Sardaigne ; les écoliers bourguignons en veulent aux Anglais d'avoir brûlé Jeanne d'Arc quoique le duc de Bourgogne ne fût pas moins son ennemi que le roi d'Angleterre. Depuis Michelet, on suppose que la France est antérieure à la France, et que ses provinces étaient françaises en droit avant de le devenir en fait. »

Les programmes scolaires ont changé, mais les cadres nationaux restent encore largement le point de référence, au mépris de réalités souterraines très fortes. Cet état des choses sera d'autant plus problématique que, pour leur part, les nouvelles technologies modifieront nos réflexes.

Dans son livre *Petite Poucette* déjà cité, Michel Serres porte le regard plus loin : « De jadis jusqu'à naguère, nous vivions d'appartenances : français, catholiques, juifs, protestants, musulmans, athées, gascons ou picards, femmes ou mâles, indigents ou fortunés... Nous appartenions à des régions, des religions, des

1. *Essais. Le temps, les idées et les hommes*, Éditions de Fallois, 1985, p. 265.

cultures, rurales ou urbaines, des équipes, des communes, un sexe, un patois, un parti, la Patrie [1]. »

« À ces appartenances nommées par des virtualités abstraites, dont les livres d'histoire chantent la gloire sanglante, à ces faux Dieux mangeurs de victimes infinies, je préfère notre virtuel immanent, qui, comme l'Europe, ne demande la mort de personne. Nous ne voulons plus coaguler nos assemblées avec du sang. Le virtuel, au moins, évite ce charnier-là. Ne plus construire un collectif sur le massacre d'un autre et le sien propre, voilà notre avenir de vie face à votre histoire et à vos politiques de mort [2]. »

Parce qu'ils tranchent sur le ton dominant du débat politique, identitaire et apeuré, ces propos sont salutaires. Michel Serres a notamment raison de rappeler que la construction de l'Europe unie n'a pas exigé de sacrifice sanglant. Rien que pour cette raison, nous devrions tenir tête avec plus d'assurance aux nationalistes et aux xénophobes qui se réclament de nationalismes destructeurs. Mais, à ce jour, les cloisonnements artificiels demeurent.

Ainsi, nous croyons avoir du mal à construire l'Europe. Nous avons en réalité du mal à « déconstruire » les mythes tenaces et les préjugés étroits qui nous la dissimulent. Comme le dit Emmanuel Berl, pour faire l'Europe, « il ne serait pas nécessaire de cacher ni de camoufler la vérité ; il suffirait de la dire [3] ».

C'est dans des termes similaires que Jean Monnet évoque l'ouverture reçue par son éducation : « Ainsi, dès

1. *Petite Poucette, op. cit.*, p. 15.
2. *Ibid.*, p. 62.
3. *Essais. Le temps, les idées et les hommes, op. cit.*, p. 266.

mon enfance, alors même que la société française baignait dans son provincialisme, j'ai appris que nous vivions dans un monde de dimensions très vastes, et il m'était naturel de penser que j'aurais affaire à des gens parlant d'autres langues, ayant d'autres habitudes. Par la suite, dans mes rapports avec les autres peuples, je n'ai jamais eu à faire des efforts *pour vaincre des réflexes que je n'avais jamais acquis* [1]. »

Robert Schuman, élevé entre l'attachement à la France et une connaissance approfondie de l'Allemagne, Alcide De Gasperi, que son parcours politique a conduit de l'Autriche à l'Italie, n'étaient pas non plus des hommes prisonniers d'une langue et d'une culture uniques. Ils étaient intimement européens. Ils « pensaient entre les langues », selon la belle expression du philosophe Heinz Wismann [2].

Cette approche est d'autant plus naturelle que les frontières n'ont pas arrêté les plus grandes aventures de ce continent : l'expansion des abbayes, le flamboiement des cathédrales gothiques, la Réforme et les débordements baroques de la Contre-Réforme, sans parler des échanges permanents entre auteurs, intellectuels, musiciens et peintres, infiniment plus riches que les appropriations nationales ne le laissent croire. Ainsi dissocier « la peinture flamande » et « la peinture italienne » qui, à la Renaissance, se sont mutuellement fécondées, a quelque chose d'étrange. Antonello Da Messina et Jan Van Eyck en seraient sans doute surpris.

De tout temps, des intellectuels européens, Montaigne, Érasme, Comenius, Descartes, Voltaire, Goethe,

---

1. C'est nous qui soulignons.
2. *Penser entre les langues*, Albin Michel, 2012.

Rilke… ont sillonné les routes. La culture n'a jamais été bornée, surtout quand on enseignait partout le latin et le grec et qu'on lisait partout la Bible.

Les Européens ont contribué aux grandes découvertes et au progrès de la science, ils sont entrés plus ou moins en même temps dans l'ère industrielle comme ils ont vécu ensemble les mouvements sociaux qui en ont contesté les abus. La Première Guerre mondiale et la folie nazie ont répandu chagrin et désolation sur tout le continent.

Si l'Europe a résisté à toutes les tentatives pour l'unifier par la force, c'est grâce à son caractère insaisissable. Comme le vent, elle est restée hors de portée des « Princes » et si Zeus, déguisé en taureau, arrive à l'enlever dans sa jeunesse mythologique, elle est devenue au fil des siècles beaucoup plus farouche. Faut-il s'alarmer qu'elle se soit refusée à tant des conquérants qui la poursuivaient avec empressement ? Faut-il en déduire qu'elle ne se « fera » jamais ? Pas forcément, car si un jour elle venait à naître d'une union volontaire et libre, si elle procédait d'« affinités électives », les liens seraient infiniment plus solides.

« On ne rencontre jamais, quoi qu'on fasse, de véritables puissances parmi les hommes que dans le concours libre de volontés [1] », écrit Tocqueville à propos des États-Unis d'Amérique.

Si les hommes politiques européens prenaient conscience des affinités souterraines qui unissent les Européens, s'ils regardaient l'hétérogénéité pour trouver

1. *De la démocratie en Amérique*, *op. cit.*, I, p. 105.

les moyens de l'atténuer, de la valoriser au lieu de s'y arrêter, alors nous aurions déjà infiniment progressé.

À ce jour, les aspects intellectuels, humains et éducatifs de la construction européenne sont bien trop négligés. Les Européens doivent inventer une nouvelle forme de démocratie, redéfinir leur modèle de société, et on les invite à peine à se rencontrer, à échanger, à se comprendre. Dans plusieurs pays de l'Union européenne, les langues restent le parent pauvre de l'éducation. Alors qu'au sein des institutions européennes, dans des entreprises, des équipes mixtes font chaque jour la preuve que le mélange des cultures est non seulement possible mais fécond, alors que sur Internet l'accès à des textes et des vidéos en version originale est plus facile que jamais, les débats politiques restent cloisonnés, les télévisions persistent à doubler la voix des intervenants « étrangers ». Nous continuons à exagérer l'effort que requiert la maîtrise de plusieurs langues vivantes, ou nous acceptons la domination de l'anglais (ou plutôt de quelque chose qui y ressemble vaguement) sans mesurer l'appauvrissement qui en résulte, y compris pour les jeunes anglophones privés de cours de langues étrangères.

De nombreux jeunes ayant eu la chance d'étudier ou de se former dans plusieurs pays, de nombreux enfants d'immigrés possèdent cette expérience consistant à se sentir dépositaires de plusieurs cultures. Mais on ne leur donne guère l'occasion de valoriser ces atouts. Pire, on les somme de « choisir leur camp », on les enferme dans des identités singulières. Il y a là un véritable trésor inexploité.

C'est une raison d'être optimiste : le jour où nous nous déciderons à faire l'Europe, à nous donner les moyens de l'échange et du dialogue, nous découvririons en nous, dans notre jeunesse, des capacités que nous ne soupçonnions pas.

Quelques initiatives hardies, comme le manuel d'histoire commun franco-allemand [1], ont été menées à bien. D'excellents historiens, des deux côtés du Rhin, n'ont pas ménagé leur peine. Cette expérience est révélatrice : se sont-ils disputés sur des sujets épineux tels que la guerre de 14-18, le nazisme et le régime de Vichy, sur le colonialisme ou la Réforme ? Que nenni ! C'est surtout l'inertie des administrations, avec les spécificités propres aux deux pays, qui a privé ce travail de l'impact qu'il aurait pu avoir. Après l'émotion des inaugurations, en grande pompe, bien des exemplaires de ce beau manuel dorment sur des étagères pour des motifs tirés du « programme » en France ou de la répartition des compétences entre Länder et Bund, en Allemagne. Comme souvent avec les belles idées, l'assassin portait des manches de lustrine.

Reste la belle performance intellectuelle des auteurs, qui mérite d'être saluée. Là est tout le paradoxe de l'Europe actuelle : avoir réussi, au-delà des espérances, à forger la concorde ; être capable de grandes choses, être tissée d'affinités subtiles et se laisser gagner, en même temps, par une forme de médiocrité. Comment en sommes-nous arrivés là ?

Sans doute la faiblesse des deux grandes familles internationalistes des siècles précédents, la démocratie chrétienne et l'internationale socialiste, qui ont tant

---

1. *Histoire/Geschichte*, Nathan/Ernst Klett Verlag, 3 tomes, 2006.

contribué au rapprochement des Européens, peut-elle en partie expliquer la montée des nationalismes à laquelle nous assistons.

L'Europe ne peut pas avancer si les chrétiens-démocrates, glissant vers le conservatisme, encouragent le repli national ou régional et si une partie de la gauche, obsédée par les « plombiers polonais » et autres effrayants prolétaires venus d'ailleurs, devient le fossoyeur de l'ouverture et de la « mondialisation ».

Avec la crise de l'euro, avec tous les débats et reportages qu'elle entraîne sur des sujets ardus (les *spreads*, l'union bancaire, l'austérité budgétaire par exemple), les Européens sont en train de passer à côté de l'essentiel. Jacques Delors disait déjà à raison qu'« on ne tombe pas amoureux du marché unique ».

Le cardinal Carlo Maria Martini, récemment décédé, alors archevêque de Milan, avait déclaré au Parlement européen en septembre 1997 : « L'Union économique et monétaire a son importance et sa signification mais elle ne suffit pas. Il y a besoin d'une union plus solide, plus substantielle, qui tienne aux valeurs, c'est-à-dire à l'homme avec ses droits et ses devoirs inaliénables, avec sa dignité transcendante. »

Et le 1er mai 1998, saluant la naissance de l'euro, il avait exhorté l'Europe à montrer un « supplément de responsabilité » en faisant la preuve que l'euro et la coopération européenne augmentent les perspectives de travail pour tous, dans un cadre authentiquement solidaire [1].

1. *Corriere della Sera.*

On ne saurait motiver des êtres humains par la seule peur des marchés financiers ou, pire, par l'évocation des coûts qu'engendrerait la désunion. Ce qui nous manque le plus aujourd'hui, c'est une lumière au bout du tunnel, une perspective positive.

L'hymne européen chante la joie *(Freude !)* mais on la cherche en vain sur les traits tirés des responsables, dans l'aube blême des conférences de presse, à la fin des Conseils européens. Et il faut remonter aux années 1980 pour retrouver un geste spontané, émouvant, comme celui de François Mitterrand prenant la main d'Helmut Kohl à Verdun. À tous les coins de rue à Rome, des siècles après la fin de l'Empire, les lettres enlacées SPQR (le sénat et le peuple de Rome), nous rappellent l'importance des symboles. Où sont ceux de l'Europe ?

Dans son discours à l'université Humboldt déjà cité, le président Napolitano a eu raison de s'étonner que le prix payé pour conserver, dans le traité de Lisbonne, une partie du traité constitutionnel, ait été justement la disparition de toute allusion aux symboles de l'Europe (hymne, drapeau, etc.), alors même que les motifs qui ont conduit au rejet de ce texte, en France et aux Pays-Bas, étaient infiniment complexes. N'est-il pas un peu vain d'effacer la mention d'un drapeau qui flotte déjà sur tant de bâtiments publics et illustre la photo officielle de la plupart des dirigeants nationaux européens ?

Cette manière « honteuse » de faire l'Europe est à la fois une triste abdication et une contradiction puérile : l'Europe, l'interdépendance, sont déjà des réalités. Ceux qui croient mieux la servir en s'excusant de la faire commettent une erreur grave.

Ni l'histoire ni la géographie ne commandent spontanément l'unité mais il existe plus d'affinités entre les Européens, plus de liens entre nos cultures que les mythes nationaux ou le folklore régional ne veulent bien le laisser voir.

Les Européens partagent une certaine conception de l'homme et de la société. Chaque fois qu'ils font des voyages lointains, ils le ressentent intuitivement, mais une fois revenus en Europe, ils peinent à revendiquer un héritage devenu universel.

La grande subtilité du traité de Rome, en 1957, tient à ce qu'il n'a pas affiché de repères éthiques ou religieux mais a conduit à mettre en pratique avec persévérance un certain nombre de principes fondés sur la dignité humaine [1] : la recherche de la paix, la solidarité, la création de rapports de droit, protecteurs des « petits ». Il n'est guère utile de se polariser sur l'affichage exprès des « racines chrétiennes » de l'Europe sans voir la contribution concrète que l'Union européenne a fournie à l'épanouissement de valeurs dans lesquelles croyants et non-croyants ou personnes d'une autre confession peuvent se reconnaître.

À nous de les perpétuer, non pour satisfaire un idéalisme éthéré ou une vision confessionnelle de l'Europe, ce qui serait déplacé, mais pour des motifs très concrets : elles sont la clé de voûte du régime politique à construire.

1. Voir l'étude de la COMECE, « Une Europe des valeurs. Dimension éthique de l'Union européenne », mars 2007.

# Chapitre 5

## LE RÉGIME POLITIQUE

L'Europe ne vivra qu'à proportion des dévouements qu'elle saura susciter. Elle ne les suscitera que dans la mesure où elle se dévouera à autre chose qu'elle-même.

Emmanuel Berl [1]

1. *Essais. Le temps, les idées et les hommes*, *op. cit.*, p. 234.

Pour qu'un nouveau régime politique européen voie le jour, il est primordial que les Européens prennent conscience de l'évolution de la planète et de la nécessité pour eux de contribuer à un monde meilleur [1]. S'ils placent leur rapprochement dans cette perspective et tirent les leçons des précédents susceptibles de les éclairer, ils trouveront plus facilement des réponses aux questions qui fâchent.

## CONTRIBUER À UN MONDE MEILLEUR

Certains réclament pour l'Europe *a new narrative*, comme on dit en anglais, c'est-à-dire « un nouveau récit », une nouvelle justification. La paix n'est plus, à leurs yeux, une motivation suffisante car le danger de guerre, entre Européens, serait définitivement écarté. Il est heureux que la construction européenne ait abouti à ce prodige. Mais le fait que nos générations préservées

1. Voir Jean Monnet, note du 5 août 1943, disponible sur le site du CVCE : http://www.cvce.eu.

n'aient strictement aucune idée des enchaînements qui, par le passé, ont entraîné les hommes dans des conflits armés, devrait nous maintenir en alerte. Au nom de quoi nous croyons-nous prémunis contre un travers aussi ancien de l'humanité ? Sommes-nous supérieurs à tant de générations qui nous ont précédés, à ces hommes cultivés et sensés qui ont déclenché la guerre de 14-18 ou ont sombré dans la barbarie nazie ?

La vitesse à laquelle certaines idées nocives se sont insinuées dans les esprits ces derniers mois, qu'il s'agisse de la sortie d'un État de la zone euro ou de la fin de la monnaie unique, invite à la plus grande circonspection : en peu de temps, l'impensable est devenu possible et, pour certains, souhaitable. Les dissensions entre le « Nord » et le « Sud » mises en relief par la crise de la dette souveraine, la renaissance de stéréotypes nationaux et de rancœurs que nous pouvions croire oubliés, tout ce bouillonnement régressif devrait nous inciter à ne pas baisser la garde.

Comme le héros du *Désert des Tartares*, de Dino Buzzati, Giovanni Drogo, nous finissons par croire le danger écarté, mais il pourrait s'abattre sur nous au moment où nous ne nous y attendons plus. Non pas d'un coup, certes, mais après une progression pernicieuse à laquelle nous ne prendrions pas garde.

Mais naturellement, une autre raison de « faire l'Europe » existe, plus impérieuse que jamais, une raison qui crève les yeux : c'est l'évolution du monde.

Alors que l'Europe est la première puissance commerciale du globe, alors que les Européens ont créé une monnaie à vocation mondiale, ils ont jusqu'à l'obsession privilégié dans la gestion de la crise la stabilité à l'intérieur, sans se soucier toujours de la stabilité à l'extérieur. Or, le sort de la zone euro concerne le reste du monde, car nos déboires ont des conséquences sur l'économie et sur la marche du monde. Et sans une monnaie respectée, sans une économie performante qui innove et participe à la création de richesses, l'Europe n'aura plus la même capacité à peser sur les choix globaux. L'influence politique ne se réduit pas à des flux de marchandises mais elle passe désormais, en grande partie, par la force économique.

Sur des thèmes aussi vitaux que la sécurité et le changement climatique, les Européens se voilent la face : que ferions-nous si un jour les États-Unis donnaient la priorité, en matière de défense, à d'autres parties du monde ? Vu l'importance croissante de la région Asie-Pacifique, cela pourrait bien être une question de temps et non une hypothèse d'école [1]. Et quelle contribution sommes-nous prêts à fournir pour que la planète reste vivable ?

Notre époque semble s'accommoder de l'impuissance des organisations internationales. L'idée d'instaurer un ordre mondial solide, coopératif, à laquelle les Européens ont tant travaillé, s'est quasiment évaporée. Le temps est bien loin où, après la Seconde Guerre mondiale, nos pères ont tiré les leçons de la crise des années 1930 en créant les Nations unies et le système monétaire dit « de Bretton Woods ». Si les rencontres du G20

---

1. Dans son discours à la Convention démocrate le 7 septembre 2012, l'unique allusion de Barack Obama à l'Europe avait trait à la crise (« *Europe's crisis must be contained* »), ce qui n'a rien de surprenant dans le contexte actuel.

offrent un utile forum de discussion, les résultats concrets sont décevants.

Dans le même temps, la montée en puissance des « acteurs transnationaux non étatiques » se confirme : de grandes entreprises financières ou industrielles, des organisations non gouvernementales (ONG), des comités divers sont en train d'acquérir, grâce à la mondialisation, un pouvoir d'autant plus grand que l'échelon politique national n'est souvent plus pertinent, l'échelon mondial encore inexistant [1].

L'avenir de notre système bancaire et donc, par ricochet, de nos économies, par exemple, dépend de négociations à huis clos, dans des comités techniques dont les citoyens ordinaires ne soupçonnent même pas l'existence. Au sein de la Banque des règlements internationaux (BRI [2]), le « comité de Bâle » a ainsi défini les nouvelles exigences en capital imposées aux banques après la crise. De ces règles dépendent en définitive l'octroi de crédit aux entreprises et aux ménages, et donc la santé de nos économies ; pour entrer en vigueur en Europe, elles exigent d'être incorporées dans une législation adoptée par le Parlement européen et le Conseil des ministres. Mais les banques les appliquent déjà largement par anticipation. Nous avons rappelé combien la complexité des sujets nécessite désormais l'intervention d'experts compétents aux côtés des responsables politiques élus. Encore faut-il que démocratie

1. Mireille Delmas-Marty, « Vers la métamorphose de la souveraineté nationale », *Libération*, 24 avril 2012.

2. Créée en 1930, cette société anonyme est aujourd'hui le forum de rencontre des banques centrales du monde entier.

et technocratie se complètent, en respectant les exigences du débat public.

C'est sans doute dans le domaine des droits fondamentaux que le recul de l'organisation du monde pourrait avoir les conséquences les plus graves. Au début de *De la démocratie en Amérique*, Tocqueville souligne l'extraordinaire modernité d'« un corps de lois politiques qui, tracé il y a deux cents ans [dans les premiers États américains], semble encore devancer de très loin l'esprit de liberté de notre âge » ; ainsi, selon lui, les Américains ont mis en œuvre sur le plan politique des « principes généraux que la plupart des Européens du XVII^e siècle comprenaient à peine et qui triomphaient incomplètement en Grande-Bretagne » [1], tels que la souveraineté du peuple, la liberté individuelle ou le consentement à l'impôt.

Nous en sommes convaincus : l'une des grandes forces des États-Unis a tenu à leur attachement ancien, jamais démenti, à la liberté.

Dans son dernier livre, Jürgen Habermas [2] consacre de longs développements au rapport entre dignité de l'homme, droits de l'homme et démocratie. Pour lui, c'est l'impératif supérieur de la dignité humaine, apparu dans le droit international après la Seconde Guerre mondiale avec la Déclaration universelle des droits de l'homme, d'inspiration européenne, qui justifie l'unification de l'Europe et, au-delà, la construction d'une société mondiale organisée.

« Depuis les temps de la Révolution française, la tension entre droits de l'homme et droits du citoyen trouve

1. *Op. cit*, p. 41 et 43.
2. *Zur Verfassung Europas*, *op. cit.*, p. 10. (Nous traduisons.)

une traduction implicite dans l'aspiration à une mise en œuvre généralisée d'une stricte égalité des droits. Les droits de l'homme dépendent, pour être effectifs, de leur incorporation dans une société mondiale politiquement constituée. »

Aussi utopique que semble aujourd'hui la possibilité de faire respecter les droits de l'homme grâce à l'édification d'une société politique mondiale, nous ne devons pas oublier le chemin parcouru, en deux siècles, depuis la Révolution française et, en soixante ans, depuis la fin de la Seconde Guerre mondiale. La justification la plus profonde, la plus durable, de l'Europe unie est là.

Et, même si la vigilance s'impose toujours en matière de droits de l'homme, par exemple quant à l'égalité hommes/femmes, aux conditions de détention en prison ou au risque permanent d'atteinte au pluralisme des médias, l'Union européenne n'a pas à rougir de son bilan. L'arrivée dans la Communauté économique européenne de pays du Sud (Grèce, Espagne, Portugal), dans les années 1980, puis l'accueil des pays d'Europe centrale et orientale délivrés du communisme ont renforcé l'État de droit et la démocratie sur ce continent.

Sans la perspective d'intégration européenne, l'Europe centrale et orientale aurait pu devenir un terrain d'affrontement pour les minorités ethniques. Et c'est aux accords de Schengen que les Européens doivent de jouir de la liberté de voyager, de circuler, de s'installer dans d'autres pays. À une époque où tant de personnes, dans le monde, sont astreintes à des visas et supportent des coûts, subissent des contrôles en tout genre, voire des brimades pour se déplacer, c'est un point particulièrement remarquable.

Dans un rapport pour le Sénat de la République française, l'ancien garde des Sceaux et ancien président du Conseil constitutionnel Robert Badinter soulignait déjà en 2009 que « le continent européen a continué à être la région du monde où les droits civils et politiques, c'est-à-dire ceux qu'on appelle communément les droits de l'homme, sont le mieux assurés [1] », avant d'alerter sur les dangers liés à une mise en cause du caractère universel de ces droits. Selon lui, les droits de l'homme subissent aujourd'hui deux contestations : l'une, souverainiste, défend les États contre toute ingérence extérieure ; l'autre, différentialiste, conteste l'universalité au nom de spécificités religieuses, sociales ou culturelles.

Ainsi, il est puéril que chaque gouvernement défende bec et ongles sa souveraineté puis vienne déplorer, avec des larmes de crocodile, que d'autres en fassent un mauvais usage. Bossuet soulignait déjà que Dieu se rit des hommes qui déplorent les conséquences de phénomènes dont ils chérissent les causes.

En survalorisant un principe abstrait, la souveraineté des États, les Européens doivent avoir conscience qu'ils sapent l'universalité des droits de l'homme. À l'abri des frontières, comme le démontre hélas en 2012 le gouvernement syrien, les tyrans sont à l'aise pour trucider ; d'autres peuvent lapider les femmes adultères ou pendre les homosexuels.

Nous ne devrions pas nous étonner que les objectifs affichés par les Nations unies ou le G20 restent si souvent lettre morte, alors même que la plupart des gouverne-

1. « L'Union européenne et les droits de l'homme », rapport n° 246, Sénat, 4 mars 2009.

ments nationaux, y compris européens, cherchent par ailleurs à garder les mains libres. Affranchis de toute contrainte juridique supérieure, les dirigeants nationaux ont peu de chance de s'accorder spontanément en vue du bien commun.

À force de s'accommoder de l'impuissance générale, les Européens pourraient bien préparer leur expulsion de la scène mondiale, comme certains observateurs le redoutent [1]. Les pays émergents affirment d'autant plus volontiers leur souveraineté qu'ils ont longtemps subi sans ménagement la domination occidentale. De ces « réponses du berger à la bergère [2] », nous voyons chaque jour de nouveaux exemples : ainsi, au Fonds monétaire international, quand le cas de la Grèce a été débattu, les pays émergents ont rappelé la dureté dont les Européens avaient fait preuve envers eux par le passé.

La création des « États-Unis d'Europe », qui ferait de ce continent un acteur mondial à part entière, et même l'un des plus puissants, serait une étape non négligeable, mais elle laisserait entière une question-clé : voulons-nous seulement bâtir un État de plus dans un monde d'États qui se neutralisent à coups de souveraineté, ou voulons-nous parvenir un jour à ce qu'Habermas appelle « une politique intérieure mondiale » ?

---

1. Voir, entre autres, Philippe Esper, Christian de Boissieu, Pierre Delvolvé et Christophe Jaffrelot, *Un monde sans Europe ?*, Fayard/Conseil économique de la défense, 2011 ; ou encore Philippe Maystadt, *Europe : le continent perdu ?*, Avant-propos, 2012.

2. Voir par exemple les travaux de François Godement sur la Chine, qui classe ce pays parmi la « coalition des réticents », c'est-à-dire les puissances qui ne coopèrent pas et ne font guère confiance aux organismes internationaux.

L'Europe, le continent où sont nés les concepts d'État et de souveraineté, l'Europe meurtrie par tant de luttes nationalistes, doit donner la preuve que les divisions nationales peuvent être transcendées. La bataille contre le souverainisme excessif ne se fera pas à coups de souverainisme européen. L'Europe unie doit émerger, supranationale, dans un univers d'États, pour aider le monde à s'affranchir un jour des veto des États.

Tocqueville mentionne déjà l'existence d'une « souveraineté du genre humain [1] », dont la seule borne est, selon lui, la justice. Si ce concept était, pour lui, le moyen d'ériger une barrière contre la tyrannie que, dans les régimes démocratiques, la majorité peut exercer sur la minorité, nous pensons qu'il a une valeur en soi : l'Europe s'honorerait à promouvoir, envers et contre tout, une « souveraineté du genre humain ». Elle se grandirait si elle donnait à la planète une autre perspective que l'acceptation résignée de l'impuissance collective.

Nos partenaires mondiaux attendent de l'Europe ce sursaut ; ils insistent sur le fait qu'un échec de l'Union aurait un impact mondial. Paul Krugman écrivait ainsi dès janvier 2011 [2] :

« La situation actuelle de la zone euro est une tragédie, non seulement pour l'Europe mais pour le monde, dont l'Europe constitue un modèle. Les Européens nous ont montré que la paix et l'unité pouvaient être amenées dans une région marquée par une histoire violente et, par ce processus, ils ont peut-être créé les sociétés les plus décentes de l'histoire humaine, en combinant la

1. *De la démocratie en Amérique*, *op. cit.*, p. 288.
2. *New York Times*, 12 janvier 2011.

démocratie et les droits de l'homme à un niveau de sécurité économique, pour les individus, que l'Amérique ne peut même pas prétendre approcher [1]. »

La crise de la zone euro pose en réalité la question redoutable de savoir si le monde peut être gouverné.

Selon la réponse que l'Europe saura apporter, c'est ce défi qui sera relevé, ou pas. Nous ne prétendons pas, seuls et dans un ouvrage de cette dimension, apporter une réponse exhaustive. Tout au plus voudrions-nous faire un rappel historique et évoquer six questions délicates.

## DES PRÉCÉDENTS QUI NOUS ÉCLAIRENT

Les constituants américains ont étudié de près les différentes expériences de confédération et de fédération du passé, de la Grèce antique au Saint Empire romain germanique, des Provinces-Unies à la Suisse ou à la Belgique [2].

Leur réflexion fait une large place à l'étude de l'âme humaine : le jeu des passions qui va à l'encontre des intérêts les mieux identifiés ; la volonté de puissance des forts contre les plus faibles ; la violation des règles, en l'absence de contrainte, voire la tentation, pour certains, de se comporter comme un « passager clandestin », en tirant profit d'une union sans se sentir des obligations envers elle.

---

1. Mark Mazower, « Europe raises the spectre of an ungovernable world », *Financial Times*, 25 mai 2012.
2. *Federalist Papers*, *op. cit.*, n^os^ 16 à 20.

En comparaison, les Européens semblent bien naïfs. Non seulement ils ne cherchent pas à tirer les leçons de l'histoire, de leur propre histoire, les Américains du XVIIIe siècle ayant puisé leurs références dans le Vieux Continent, mais encore ils font fi des ressorts psychologiques qui animent les hommes de pouvoir et, en définitive, déterminent le succès des institutions.

Depuis des années, les dirigeants des États de l'Union ont continué à faire croire – peut-être parce qu'ils y croyaient eux-mêmes, peut-être parce qu'ils voulaient défendre leurs prérogatives – que la souveraineté nationale était encore intacte. Ils ont donc promis à la fois aux opinions que l'Europe serait efficace et que cette opération se ferait à bon compte, en conservant la souveraineté nationale.

Le résultat est un régime politique défectueux qui n'apporte pas les résultats escomptés. D'où le découragement des Européens. D'où un niveau de « tolérance » des opinions de plus en plus limité, qui conforte les gouvernants dans leur prudence devant tout nouveau transfert de souveraineté. D'où l'impuissance croissante. Un cercle vicieux s'est installé, qui nous aspire toujours plus bas.

Il faudrait au contraire dire la vérité aux Européens, assez adultes pour la comprendre : la souveraineté monétaire est d'ores et déjà partagée. L'usage d'une monnaie unique appelle des politiques économiques et sociales qui ne sauraient être soustraites à la démocratie. D'où la nécessité de concevoir un nouveau régime politique, à partir de ce que la raison et l'expérience de la nature humaine commandent.

Écoutons la sagesse des hommes du XVIIIe siècle, à la veille de mettre en place la Constitution qui a fait des États-Unis d'Amérique ce qu'ils sont : « Pourquoi les gouvernements ont-ils été institués ? Parce que, sans contrainte, les passions des hommes ne se plient pas aux impératifs de la raison et de la justice. Est-il établi que des institutions humaines agissent avec plus de droiture et de désintéressement que les individus ? C'est exactement le contraire qu'ont démontré les observateurs les plus avertis des conduites humaines [...]. De surcroît, une jalousie farouche, consubstantielle aux pouvoirs souverains, conduit ceux qui les exercent à voir d'un mauvais œil toute tentative extérieure de restreindre ou diriger leur action. Il résulte de cet état d'esprit que, dans chaque association politique visant à unir, autour d'un intérêt commun, des souverainetés appelées à s'amoindrir, on trouvera une sorte de tendance centrifuge des échelons inférieurs ou subordonnés à faire en permanence des efforts pour échapper au centre. Il n'est pas difficile d'expliquer à quoi elle tient : elle a son origine dans l'amour du pouvoir [...].

« Il y a peu de raisons d'espérer que les personnes en charge de l'administration des entités qui composent une fédération soient prêtes à exécuter les résolutions ou les ordres de l'autorité centrale, à tout moment, le cœur léger et de bonne foi. C'est même exactement l'inverse qui découle du cœur de l'homme [1]. »

Or, en Europe en ce moment, malgré la crise, la tendance est encore à limiter les ambitions ; même chez les pro-Européens les plus ardents, on songe à donner

---

1. *Federalist Papers*, *op. cit.*, n° 15, p. 92 et suiv.

naissance, par exemple, à « autant d'union politique et économique que nécessaire mais aussi peu que possible [1] ».

Pourtant, aucun dessein d'envergure ne se conçoit à moitié. La main ne devrait pas trembler au moment de dessiner les futures institutions européennes, faute de quoi elles risquent d'être impuissantes et donc, très vite, déconsidérées.

Naturellement, il n'est pas nécessaire de « forcer la dose » d'intégration mais, à ce stade, l'Europe souffre infiniment plus de ce qu'elle n'est pas que de ce qu'elle est. Ce n'est pas, par exemple, l'existence d'une Banque centrale fédérale, en charge de la politique monétaire, qui est la source des problèmes, mais l'absence d'une politique économique commune qui devrait en être le pendant. Mêmes des mouvements eurosceptiques en appellent désormais à la Banque centrale, sans mesurer que sa force vient largement des pouvoirs sans partage qui lui ont été conférés.

Aujourd'hui, en permanence, l'Europe « intégrée » ou « fédérale » est en position d'accusée. Or le paradoxe, c'est qu'elle n'existe pas, ou à peine. En permanence, les pro-Européens s'autoflagellent, se placent sur la défensive, se coupent les ailes alors qu'ils devraient faire la pédagogie de la réalité, oser dire quelle est l'Europe « qui marche » et celle qui patine. Et pourquoi devraient-ils avoir honte de proposer un régime politique plus démocratique, plus efficace, afin de sauvegarder l'euro, de renouer avec la croissance et d'offrir au

1. « Completing the euro, a road map towards a fiscal union in Europe », *Notre Europe*, juillet 2012.

monde un exemple de rapprochement supranational réussi ?

Notre avenir mérite mieux que des compromis mesquins, des concessions pesées au trébuchet, parfois sans rigueur intellectuelle, et des progrès tolérés lorsqu'il n'y a plus moyen de faire autrement, après un gâchis considérable.

La zone euro n'est pas confrontée à des difficultés inédites. Les questions que nous nous posons, les Américains les ont étudiées avant nous, entre 1781 et 1787, et bien d'autres avant eux, depuis l'Antiquité grecque. Aucune réforme de l'Union économique et monétaire ou du marché unique ne réussira si les Européens s'entêtent à penser qu'ils réussiront sur la voie où tant d'autres, avant eux, ont échoué, c'est-à-dire dans la création d'une fédération d'entités qui prétendent rester souveraines : « La vérité, c'est qu'une souveraineté sur des souverains, un gouvernement sur des gouvernements, une législation pour des communautés distinctes des individus, est une faute énorme en théorie ; en pratique, c'est le renversement de l'ordre, la fin de la vie politique [1]. »

C'est en prenant conscience de ces contraintes, à la lumière de l'histoire, que l'Europe pourra « substituer la connaissance de ses vrais intérêts à ses aveugles instincts [2] ».

Cela posé, comme l'arc surplombe le porche, venons-en aux sujets qui fâchent.

---

1. *Federalist Papers*, *op. cit.*, n° 20, p. 123.
2. *De la démocratie en Amérique*, *op. cit.*, p. 8.

## Les six sujets qui fâchent

### *Le rôle respectif des États et de l'Union*

En paraphrasant la célèbre affirmation chrétienne, sans doute peut-on dire que « l'Europe procède des États » [1]. C'est pourquoi nous sommes convaincus qu'à court terme, pour le meilleur ou pour le pire, les avancées de l'Europe dépendront largement de la force d'imagination et du courage des gouvernants nationaux.

Dans le discours qu'elle a prononcé au collège d'Europe, à Bruges, le 2 novembre 2010, la chancelière Merkel a eu raison d'insister sur la contribution des gouvernements aux progrès de l'Union. C'est en effet grâce à la présidence allemande du premier semestre 2007, par exemple, qu'une issue a pu être trouvée à l'impasse créée par le refus du traité constitutionnel en France et aux Pays-Bas.

En concluant des accords internationaux en dehors des traités, les gouvernements peuvent aussi surmonter les blocages causés par les réticences de certains d'entre eux qui ne représentent qu'une minorité d'Européens ; ainsi, en décembre 2011, lorsque le Royaume-Uni et la République tchèque ont décliné l'offre de s'associer à la signature du « traité budgétaire», une avancée n'a été possible qu'en concluant un accord international à vingt-cinq. Le fonds de secours permanent de la zone euro (le Mécanisme européen de stabilité) a lui aussi

1. D'où d'ailleurs peut-être tant de querelles qui n'ont rien à envier à certaines controverses théologiques, et la tentation de schismes…

été créé par un accord des seuls dix-sept États de la zone euro.

Ainsi, à condition que les gouvernements se sentent responsables de l'Union, le Conseil européen peut être un bon « incubateur » de projets.

Lors de la première réunion du Conseil des ministres de la Communauté européenne du charbon et de l'acier, le 8 septembre 1952, le chancelier Adenauer a d'ailleurs décrit le rôle du Conseil des ministres en ces termes : celui-ci est d'une part « actif comme organe de la communauté » ; c'est un « organe d'*une entité supranationale qui existe désormais à côté des États* ». C'est ensuite qu'il rappelle sa « deuxième mission » [*sic*] : « Représente[r] aussi les intérêts des États membres eux-mêmes dans le domaine de leur souveraineté résiduelle ; [...] le conseil des États doit sauvegarder les intérêts des États nationaux, mais doit bien se garder de considérer cette mission comme prioritaire. » Avant de conclure : « L'œuvre que nous avons entreprise est audacieuse. »

Soixante ans plus tard, certains responsables nationaux ne l'ont toujours pas compris. Certains ministres viennent au Conseil montrer qu'ils sont capables de « taper du poing sur la table » et de rentrer dans leur capitale avec le trophée (le scalp ?) que réclame le jeu de la politique intérieure. Quelques-uns ont à peine pris le temps de se plonger dans leurs dossiers au cours du vol qui les conduit à Bruxelles, comme faisait remarquer Tommaso Padoa-Schioppa, qui considérait le Conseil comme l'organe à la fois « déterminant et bloquant » ; il l'a même qualifié de « cartel des nationalismes [1] ».

1. *Contre la courte vue*, *op. cit.*, p. 149.

D'où notre conviction, tout aussi forte, que les États ne suffisent pas à « faire l'Europe ». Ce point est important, notamment dans le contexte actuel de retour en grâce des États. Il est permis de se féliciter, avec Luuk Van Middelaar, que ce qu'il appelle la « sphère intermédiaire », c'est-à-dire le niveau national, ait « une conscience croissante d'un intérêt commun [1] » ; mais cette condition, si nécessaire soit-elle, n'est pas suffisante. Après soixante ans de cheminement européen, il était temps ! À ce rythme, il faudrait des siècles pour parvenir au partage de responsabilités que l'euro exige déjà, tandis que le monde change à toute allure.

Les chefs d'État et de gouvernement réunis au Conseil européen n'ont en tout cas ni le temps ni les moyens de gérer au jour le jour la mise en œuvre des politiques européennes. Une fois un projet lancé, l'intervention d'institutions communautaires apportant à la fois la légitimation (le Parlement, le Conseil des ministres en charge des différents secteurs) et la capacité de contrôle dans la durée (la Commission, la Cour de justice) est indispensable. Un organe qui se réunit durant quelques heures, six ou même dix fois par an, ne peut pas être chargé de la conception et du contrôle des politiques de compétitivité d'un ensemble de pays aussi complexe et hétérogène que la zone euro.

La valeur ajoutée de l'Europe unie – l'Union comme la vieille Communauté – réside donc encore et toujours dans l'existence d'institutions sans équivalent dans la sphère internationale, seules à même d'assurer l'unité vis-à-vis des tiers, le respect de la règle de droit et la

1. *Le Passage à l'Europe*, Éditions Gallimard, 2012.

garantie d'un certain nombre de principes démocratiques. Ce sont ces innovations singulières que l'on désigne sous le nom de « méthode communautaire » et qui méritent d'être défendues.

Dans la refondation de l'Europe, les Européens doivent ainsi éviter deux écueils : le premier est de contester aux États un rôle d'impulsion, comme si l'unité allait être apportée par une cigogne ; le second est de faire aveuglement crédit aux organes nationaux pour une mise en œuvre des mesures européennes décidées.

La valeur ajoutée de soixante années de coopération communautaire tient en une méthode de travail éprouvée, la seule qui apporte l'unité. La remarque vaut pour les exécutifs comme pour les législatifs nationaux.

### *Le rôle respectif du Parlement européen et des Parlements nationaux*

Dans nos démocraties, le Parlement est à la fois un lieu de débat et de décision, notamment à l'occasion de l'adoption de la législation et du budget, et l'enceinte où le gouvernement rend des comptes.

Une réforme visant à accroître la légitimité démocratique de l'Union européenne doit distinguer ces différentes missions, tout comme elle doit séparer ce qui, dans un ensemble complexe, relève de la légitimation démocratique du niveau national et ce qui relève de la légitimation démocratique du niveau européen [1].

1. Les experts parlent en anglais de *multi level governance*.

Le traité de Lisbonne (notamment son protocole n° 1) ainsi que la législation secondaire ont encouragé, ces dernières années, une participation accrue des Parlements nationaux au travail européen. Dans le « 6 pack » déjà évoqué, le Parlement européen a pris l'initiative d'introduire formellement dans la législation communautaire le « semestre européen » jusque-là informel, c'est-à-dire de reconnaître le besoin d'associer les Parlements nationaux et le Parlement européen, ainsi que la Commission, à la discussion préalable à l'adoption des lois de finances annuelles (entre janvier et juin).

Ces progrès méritent d'être salués. Trop longtemps, la construction européenne s'est faite sans – voire contre – les assemblées nationales. Il est heureux que les députés nationaux soient mieux associés que par le passé aux activités de l'Union, plus sensibles, aussi, aux enjeux communs. Par leur notoriété et leur enracinement, ils peuvent devenir des relais précieux entre l'Europe et les populations.

Certaines évolutions n'en sont pas moins préoccupantes.

Le protocole que nous venons de citer trahit une méfiance persistante envers l'Europe. D'une mission positive des Parlements nationaux au service de l'Europe ou de leurs devoirs envers elle, il n'est guère question. L'accent est mis sur la défense de la « subsidiarité » dans un seul sens (c'est-à-dire pour protéger les États des éventuels empiétements européens, alors qu'il serait important d'encourager une implication constructive des Parlements et aussi de veiller à dénoncer le manque d'action au niveau européen). Le protocole insiste beaucoup sur le fait qu'il faut « prendre les décisions le plus près possible des citoyens ».

Louable intention mais triste myopie : l'Union économique et monétaire a en effet démontré les inconvénients de la proximité. Trop souvent, les budgets nationaux ont été votés en déséquilibre en raison d'une certaine collusion des élus avec des groupes d'intérêt nationaux, au lieu de limiter la dépense publique ou d'augmenter la pression fiscale.

Dans son rapport sur la zone euro [1], le sénateur Jean Arthuis a fait amende honorable sur le fait que les élus nationaux se sont laissé entraîner dans ce qu'il a appelé les « années folles de l'euro », sans contrôler ce qui se passait vraiment au Conseil des ministres de l'Économie et des Finances, ou encore dans les pays voisins.

Pendant des décennies, à quelques exceptions près (le Folketing danois par exemple et quelques personnalités isolées, siégeant notamment dans les Commissions des affaires européennes de divers pays), les Parlements nationaux ne se sont guère impliqués dans les questions européennes.

Par le passé, les députés nationaux se sont rarement approprié les règles européennes qui font pourtant partie intégrante de l'ordre juridique national. Lors de l'adoption des lois de finances, ils ne se sont pas tous sentis tenus par la discipline budgétaire, qui avait pourtant fait l'objet d'accords contraignants avec les partenaires de la zone euro. En acceptant de voter des

1. *Avenir de la zone euro : l'intégration politique ou le chaos*, rapport sur mission du Premier ministre, La Documentation française, mars 2012.

budgets fondés sur des hypothèses de croissance échevelées, en augmentant les déficits publics et la dette, certains n'ont même pas défendu l'intérêt national : l'endettement inconsidéré rend un pays plus vulnérable aux attaques spéculatives. Plusieurs pays paient aujourd'hui cette négligence très cher.

Ne soyons pas iréniques : les parlementaires nationaux ne sont pas élus pour préserver l'intérêt général européen. Ils sont d'ailleurs mal outillés pour l'apprécier car l'hétérogénéité de l'Union rend cette tâche particulièrement compliquée. La tentation de se borner au champ national, dont dépend leur réélection, risque d'être longtemps la plus forte. Les Parlements nationaux se considèrent-ils comme des acteurs à part entière de l'Europe ou comme des observateurs extérieurs ? La lecture de certains comptes rendus des travaux des assemblées est hélas éclairante à cet égard : on y lit par exemple que les élus nationaux distribuent des « cartons jaunes/orange/rouges » [*sic*] à la Commission européenne. Sur un terrain de football, ce ne sont pourtant pas les joueurs qui ont cette faculté mais les seuls arbitres [1]. Nous sommes convaincus qu'ils pourraient jouer un rôle beaucoup plus constructif.

En outre, accorder des pouvoirs étendus aux Parlements nationaux, qui sont aujourd'hui au nombre de dix-sept et devraient peu à peu, au fil des adhésions à la zone euro, être encore plus nombreux, pourrait diluer les responsabilités. La crise en a déjà fourni deux exemples.

---

1. Commission des affaires européennes du Sénat de la République française, séance du mercredi 27 juin 2012, par exemple.

En premier lieu, le droit de regard accordé aux Parlements nationaux lors de la création des fonds de secours, au nom du bon usage des deniers nationaux, a généré des retards qui ont porté atteinte à la crédibilité des Européens et ont accru, pour les contribuables, le coût du sauvetage. Ainsi, par exemple, lors du Conseil européen du 21 juillet 2011, des mesures importantes ont été décidées par les chefs d'État et de gouvernement, notamment l'extension des prérogatives du Fonds européen de stabilisation financière (FESF). Il aura cependant fallu des mois pour qu'elles deviennent effectives, en raison de demandes de garanties émanant de certains Parlements, lesquels sont parfois pris dans des procédures constitutionnelles internes qui allongent les délais.

En second lieu, les fonds de secours mis en place depuis 2010, dans la crise de la dette, sont l'un une société anonyme de droit luxembourgeois (le Fonds européen de stabilisation financière), l'autre une organisation internationale (le Mécanisme de stabilité européen).

Il est tout à fait légitime que chaque Parlement national contrôle l'engagement national. Mais ces contrôles menés parallèlement ne suffisent pas à assurer que l'emploi des fonds, au niveau européen, soit décidé de manière opportune et régulière. Ces fonds, par leur nature, échappant aussi à la surveillance comptable de la Cour des comptes ou des autorités antifraude, c'est assez préoccupant.

Nous ne pouvons plus continuer ainsi. Il faut avoir le courage de dire que cette pratique « éclatée » de la démocratie n'est pas à la hauteur des enjeux.

Si, pour surmonter les risques inhérents à la consultation de tous les Parlements nationaux, certains d'entre eux venaient à être privilégiés, du ressentiment ne tarderait pas à apparaître. Il est sans précédent que le Conseil européen ait été interrompu, en octobre 2011, pour recueillir l'aval du seul Bundestag allemand. Si l'urgence peut justifier des procédures exceptionnelles, il n'est pas souhaitable que perdure une telle différence de traitement. Et la confrontation éventuelle de deux Parlements souverains, adoptant des positions contradictoires, pourrait avoir des conséquences néfastes.

L'idée fait désormais son chemin d'associer les Parlements nationaux et le Parlement européen à la légitimation de « la gouvernance de l'euro ». Jusqu'à présent du moins, le débat n'est cependant pas caractérisé par une grande rigueur intellectuelle. Certaines propositions ressemblent à du droit constitutionnel fait par des « juges de paix » : elles consistent à mêler les deux sources de légitimité (Parlement européen et Parlements nationaux), en espérant sans doute qu'ainsi tout le monde sera content mais sans dire à quoi servirait exactement ce rapprochement.

Le traité budgétaire précité comporte ainsi un article 13 qui prévoit la réunion d'une conférence de représentants des Parlements nationaux et du Parlement européen pour discuter des politiques budgétaires, et plus généralement des matières couvertes par cet accord. L'esprit de coopération mérite d'être salué mais plusieurs interrogations surgissent.

Si le but est de renforcer effectivement la légitimation démocratique, la première question à se poser est celle de sa composition ; nous reviendrons ci-dessous sur la délicate représentation de la zone euro à dix-sept, dans un ensemble à vingt-sept. Rappelons déjà que le « traité budgétaire » compte vingt-cinq signataires et entrera en vigueur quand douze États l'auront ratifié. Faudra-t-il commencer à réunir cette instance à douze ou à dix-sept pour ne pas scinder la zone euro ? Ou encore à vingt-cinq ?

En admettant que la composition puisse être définie de manière raisonnable, sans confondre un organe parlementaire (où chacun représente des citoyens) avec une conférence intergouvernementale (où les participants représentent des États), une interrogation fondamentale demeure : que ferait cet organe mixte ?

Des rencontres informelles censées améliorer le dialogue lors de l'adoption des lois de finances nationales (le « semestre » que nous venons d'évoquer) ou encore sur le budget de l'Union européenne [1] peuvent avoir du sens. Ne négligeons pas, toutefois, que la Conférence permanente rassemblant des membres du Parlement européen et des élus des commissions parlementaires nationales en charge de l'Europe (dites COSAC), tout comme les réunions organisées par la Commission économique et monétaire du Parlement européen avec les députés ou les sénateurs nationaux, ont montré les limites de ces rencontres informelles.

La Convention qui, en 2002-2003, a rédigé le projet de traité constitutionnel, majoritairement composée de

1. Voir notamment les propositions des trois députés Jutta Haug (SPD, Allemagne), Alain Lamassoure (PPE, France) et Guy Verhofstadt (ALDE, Belgique), en matière budgétaire, in « Europe for growth. For a radical change in financing the EU », CEPS/*Notre Europe*, 2011.

parlementaires nationaux, a été une belle réussite, sans toutefois que l'envoi de quelques délégués dans une enceinte européenne assure que l'assemblée dont ils sont issus et, au-delà, les populations qu'ils représentent s'approprient leur travail.

Si utiles soient-ils, ces échanges informels restent en tout état de cause en deçà des missions de contrôle des organes européens par le Parlement européen, ou des gouvernements nationaux par les Parlements nationaux.

Un Parlement n'est pas un salon où des élus devisent gentiment. Leur réunion doit produire des effets de droit. Si l'instance mixte n'a ni pouvoir législatif (*a priori* partagé entre Conseil des ministres et Parlement européen) ni pouvoir de censure, quelle sera son utilité ?

Comme certains auteurs britanniques [1], Joschka Fischer, l'ancien ministre allemand des Affaires étrangères autrefois si pro-européen propose désormais de faire l'impasse sur le Parlement européen : partant de l'idée qu'« il faut à la zone euro un gouvernement qui ne peut être formé pour l'instant que par les chefs d'État et de gouvernement » et « comme il ne peut y avoir d'union budgétaire sans politique budgétaire commune, rien ne pourra être décidé sans les Parlements nationaux [...], il est donc nécessaire de créer une Chambre européenne formée des dirigeants de ces derniers [2] ».

---

1. « Beyond the European Parliament : rethinking the EU's democratic legitimacy », Center for European Reform, décembre 2010 ; Charlemagne, « Elected but non Democratic, the UE Needs More Democracy and yet the EP is Flawed », *The Economist*, 1er juillet 2012 ; ou encore Jack Straw, « The European Parliament Should be Abolished », *The Guardian*, 21 février 2012.

2. Et il poursuit : « Au début, cette chambre aura un rôle consultatif, les Parlements nationaux conservant leurs prérogatives.

Cette approche ignore les raisons qui ont poussé à l'élection directe des députés européens en 1979. Or elles demeurent plus que jamais valables : à la nécessité d'avoir des députés en charge de l'intérêt *européen,* s'est ajouté un surcroît de charge de travail lié à l'apparition de la procédure législative de codécision ainsi qu'à la technicité croissante des matières. C'est pourquoi il ne faut pas cultiver l'illusion qu'en 2012 le retour de quelques députés nationaux, à Bruxelles ou à Strasbourg, réglerait tous les problèmes.

Le président Napolitano a fort justement rappelé dans son discours à Berlin déjà cité que l'élection directe du Parlement européen a été décidée, dans les années 1970, comme le pendant de la création du Conseil européen. La reconnaissance du rôle des chefs d'État et de gouvernement avait pour corollaire le renforcement de la légitimation *au niveau européen.*

Un vieil adage disait autrefois du Parlement de Westminster qu'il pouvait tout faire « sauf changer un homme en femme » : même en unissant leurs forces, les dix-sept Parlements nationaux de la zone euro risquent d'échouer à transformer des élus nationaux, formés dans un moule national, tendus vers des élections nationales, en personnes soudainement capables de s'en abstraire et de porter l'intérêt général européen, avec les sacrifices que cela implique.

---

Sur la base d'un traité intergouvernemental, elle sera appelée à devenir un véritable organe de contrôle et de décision formé de délégués des Parlements nationaux. […] Le traité devra être légitimé par référendum dans tous les pays membres, particulièrement en Allemagne », « Un gouvernement européen pour sauver l'Europe », *Le Figaro*, 7 novembre 2011.

Nous avons nous-mêmes décrit sans complaisance pourquoi certaines faiblesses du Parlement européen devraient être corrigées. Mais ce n'est pas en revenant trente ans en arrière, ni en affaiblissant l'assemblée européenne élue au suffrage universel direct que nous rassurerons les investisseurs et les partenaires mondiaux sur la pérennité de l'Europe.

Le débat actuel fait donc fausse route : aucun régime politique *européen* crédible ne peut se développer si, en définitive, les Parlements nationaux obtiennent un droit de veto ou le contrôle final de l'*accountability* des autorités communes. La monnaie unique a d'ores et déjà instauré un partage de souveraineté ; ce doit être le point de départ de la réflexion, toute nostalgie mise à part.

Dans ce contexte, l'interrogation principale, trop souvent éludée, devrait être : le but est-il de préserver le *degré* de garantie démocratique assurée par les Parlements nationaux, ce qui est parfaitement légitime ? Ou de défendre à jamais un *niveau* de décision ? Dans le premier cas, une solution pourra être trouvée, notamment en puisant dans la tradition des pays de l'Union qui ont les expériences parlementaires les plus éprouvées, notamment l'Allemagne. Dans le second cas, l'Europe restera toujours une vaine prétention car les peuples n'accepteront pas d'être soumis à ce que, sous couvert de démocratie, ils percevront comme un diktat de leurs voisins.

À cet égard, il est assez frappant de mesurer, une fois encore grâce aux *Federalist Papers*, que le problème n'est pas nouveau. Leurs auteurs relèvent que le Saint Empire romain germanique a déjà tenté, sans succès, la fusion d'entités qui, à la Diète, prétendaient rester « souveraines » : « Le principe fondamental sur lequel [il] repose, à savoir que l'Empire est une association de souverains ; que la Diète représente des souverains ; que les lois sont adressées à des souverains, ce principe fait de l'Empire un corps sans nerfs, incapable de gouverner ses membres, sans sécurité contre les dangers extérieurs, et perpétuellement agité par des convulsions intestines [1]. »

La dimension parlementaire de la construction européenne est un sujet complexe qui mériterait d'être traité plus en détail que nous ne pouvons le faire ici. Pour conclure, nous nous bornerons à souligner une chose : la tendance à tenir les Parlements nationaux en lisière, des années durant, a été une erreur ; ils ont vocation à participer à l'œuvre européenne. Mais la tentation de la « revanche », consistant pour le niveau national à miser sur l'affaiblissement de l'échelon parlementaire européen, ne serait pas plus féconde. Nous avons déjà indiqué, en introduction, que la force de Tocqueville avait été de s'abstraire de son temps, de « voir plus loin ». C'est particulièrement valable pour le renforcement de la légitimation démocratique.

### *Europe à vingt-sept et zone euro*

La question du contrôle parlementaire recoupe en partie l'interrogation sur l'avenir de la zone euro dans l'Union européenne à vingt-sept.

1. *Federalist Papers*, *op. cit.*, n° 19, p. 114.

Si l'on s'en tient à une analyse objective des performances, les pays de la zone euro ne sont pas toujours à l'avant-garde de l'Union européenne.

Ainsi, le « moteur franco-allemand », si précieux à certains moments de la construction européenne, et l'Italie, pourtant si européenne, n'ont pas toujours été des modèles pour le respect des directives européennes ou des règles de concurrence, sans parler de la violation du Pacte de stabilité et de croissance, en 2003.

Certains pays de la zone euro ont même de sérieux progrès à faire pour se hisser au niveau de certains pays nordiques ou de plusieurs États d'Europe centrale et orientale, notamment en matière de gestion des finances publiques, de compétitivité, de recherche et d'éducation, de libéralisation des services, d'ouverture au monde.

Cette vérité, qui bouscule quelques idées reçues, est peut-être dure à entendre mais elle mérite d'être rappelée.

En outre, l'unité de l'Europe à vingt-sept, notamment celle du marché unique, est essentielle pour préserver la prospérité de tous. C'est pourquoi toute refondation devra garder à l'esprit l'impératif de cohérence d'ensemble. Les traités contiennent d'ailleurs une exigence de loyauté mutuelle qui est en contradiction avec les tentations d'exclusion ou de fragmentation.

À ce jour, au Parlement européen et à la Commission, la zone euro n'a pas d'existence juridique. Seul le Conseil a entériné cette réalité : le Conseil des ministres de l'Économie et des Finances siège dans une formation à dix-sept appelée « Eurogroupe [1] » et la crise a conduit les chefs d'État et de gouvernement à se réunir régulièrement à

1. L'Eurogroupe fait l'objet du protocole 14 au traité.

dix-sept, mais les traités consacrent au contraire un principe d'unité : il n'y a qu'un Parlement européen, une seule Commission européenne et même, ce qui est plus souvent ignoré, une seule monnaie pour toute l'Union [1]. Deux États, le Royaume-Uni et le Danemark, jouissent d'une dérogation mais ce ne sont que deux exceptions à la règle. Tous les autres États membres de l'Union européenne, y compris la Suède et tous les pays d'Europe centrale et orientale, se sont engagés à adopter l'euro quand ils rempliront les conditions.

Pour l'avenir, la zone euro n'en a pas moins le droit de chercher à se renforcer, à se démocratiser, sans que ceux qui ne désirent pas en faire partie puissent l'en empêcher. Si sensible que soit cette question, une sorte de *droit à l'autodétermination de la zone euro* mérite d'être reconnu. Le renforcement de celle-ci est d'ailleurs dans l'intérêt de tous les Européens, qu'ils aient ou non l'euro pour monnaie. Certains d'entre eux, comme le Premier ministre britannique, réclament d'ailleurs régulièrement une meilleure gouvernance pour la monnaie unique.

Au-delà de l'existence de l'Eurogroupe, la zone euro a besoin d'un exécutif spécifique qui serait chargé d'un certain nombre de missions, tels que le contrôle budgétaire mutuel, la conception et la mise en œuvre des politiques destinées à accroître la compétitivité, le rapprochement fiscal et social ou encore le contrôle éventuel d'une agence commune de la dette ou, d'ores

---

1. En vertu de l'article 3.4 du traité – souvent ignoré , « l'Union établit une union économique et monétaire dont la monnaie est l'euro ».

et déjà, des fonds de secours. Une phase intermédiaire pourrait consister à doter la zone euro d'un « ministre des Finances » et d'un « trésor ». Jean-Claude Trichet, président de la BCE jusqu'à l'automne 2011, a fait d'intéressantes propositions en ce sens à Aix-la-Chapelle [1].

La question la plus complexe est cependant de faire en sorte que cet exécutif ne soit pas comme un petit canari sur sa balançoire, suspendu au-dessus du vide, mais qu'il dispose de services et de moyens, et plus encore qu'il rende des comptes devant une assemblée parlementaire. Nous avons déjà évoqué les lacunes des propositions de « gouvernement économique » qui ne prévoient rien en termes d'*accountability*.

Comment les Européens ont-ils pu créer une monnaie qui, non seulement n'est pas adossée à un État, mais relève d'un ensemble politique dont certains des membres refusent de rejoindre le projet ?

La cause est essentiellement historique : à la fin des années 1990, le Premier ministre Tony Blair se faisait fort de convaincre les Britanniques d'adopter l'euro et de les emmener à rejoindre le reste de l'Union au terme d'un référendum. La dérogation était ainsi une solution provisoire qui permettait de ne pas exclure ceux qui allaient rejoindre la zone euro, tout en évitant de dédoubler les institutions [2].

1. *Construire l'Europe, bâtir ses institutions*, discours prononcé par le président de la BCE à l'occasion de la remise du prix Charlemagne, 2 juin 2011. Texte disponible sur le site de la BCE.

2. Le protocole 14 précité révèle ainsi que le dialogue à dix-sept est organisé « en attendant que l'euro devienne la monnaie de tous les États membres de l'Union ».

Mais, comme chacun sait, cette consultation n'a jamais été organisée et aujourd'hui, la dérogation semble appelée à durer. Le « bricolage », les solutions provisoires deviennent d'autant moins tenables que la crise invite à construire du « solide ». L'impératif d'unité est certes toujours présent mais il est difficile d'admettre – et d'expliquer aux citoyens de la zone euro – que des décisions les concernant sont prises par un collège de commissaires et par un Parlement comptant des ressortissants de pays qui, durablement, refusent d'adopter l'euro. Ou que la Commission économique et monétaire du Parlement européen qui auditionne le président de la BCE puisse être durablement présidée par une Britannique, quelles que soient par ailleurs ses qualités personnelles.

Naturellement, les députés, comme les commissaires, ne sont pas, dans l'exercice de leur fonction, des « représentants » de leur État mais la situation n'en heurte pas moins le sens commun vu que, comme nous l'avons rappelé, en pratique sinon en droit, le Parlement européen tolère que la nationalité joue un rôle dans l'attribution des postes de responsabilité. Et que certains députés se sentent les porte-drapeaux de leur pays.

L'article 10 du traité sur l'Union européenne dispose que « le fonctionnement de l'Union européenne [à vingt-sept] est fondé sur la démocratie représentative » ; mais que « représentent », au moment du vote sur des questions relatives à l'euro, les élus venant de pays qui ne participent pas à la monnaie ? Des citoyens ou des intérêts qui ne sont pas concernés ?

Le respect de la décision souveraine du Royaume-Uni et du Danemark, comme la sauvegarde des intérêts des États membres de la zone euro, pour ne pas dire le bon sens, commande de ne pas en rester là. Il paraît en effet peu crédible de continuer à faire prévaloir une fiction d'unité démentie par les faits sur un impératif d'efficacité et de légitimité.

L'un des membres du directoire de la BCE, Joerg Asmussen, a proposé la création d'une Commission parlementaire économique et monétaire de la zone euro, au sein du PE [1], une idée que la chancelière Merkel ne semble pas exclure *a priori*, même si ses réflexions ne sont pas définitives à ce jour [2].

Pour notre part, nous souhaitons à la fois ouvrir ce débat, parce que la crise a rendu nécessaire une consolidation rapide de la zone euro, ce qui appelle un renforcement de sa légitimité démocratique, et rappeler que la solution à trouver devra être la plus inclusive possible. Il est normal que les États qui se sont engagés à rejoindre la zone euro, telle la Pologne par exemple, participent, selon des modalités à définir, aux décisions des dix-sept relatives à une devise qui sera leur monnaie demain.

C'est pourquoi l'idée de la création d'un Parlement de la zone euro à l'intérieur du Parlement européen mérite à nos yeux d'être creusée : elle permettrait de préserver l'unité des vingt-sept, de répondre aux exigences des dix-sept, sans exclure personne ni entraîner

1. Weltwährungskonferenz, Berlin, 21 mai 2012. Texte disponible sur le site de la BCE.

2. « Euro-Parlament : Untergruppe von Eurostaaten im EU Parlament ebenso vorstellbar », *Die Welt*, 18 septembre 2012. Voir aussi le document rédigé à l'initiative du minsitère allemand des Affaires étrangères (en associant onze ministres de l'UE), « Future of Europe Group », 17 septembre 2012.

de dépenses inutiles. Les députés européens des pays non membres de la zone euro seraient observateurs et, à ce titre, pourraient prendre part aux débats, en toute transparence. Simplement, ils ne participeraient pas aux votes, pas plus qu'ils ne pourraient être rapporteurs de dossiers concernant cette seule zone ; au fur et à mesure de l'entrée des pays concernés dans la zone euro, leurs élus y prendraient toute leur place, la physionomie de la commission parlementaire propre à la zone euro se modifiant sans qu'il soit besoin de réviser les traités ou de bouleverser le fonctionnement de l'assemblée. De même, en plénière, le Parlement se prononcerait en deux formations « gigognes », emboîtées l'une dans l'autre.

Le même type de raisonnement pourrait être appliqué, toutes choses égales par ailleurs, au collège des commissaires.

Enfin, pour le parallélisme entre le volet interne et le volet externe de la construction européenne, la zone euro devrait, dans le même temps [1], se doter d'une représentation externe spécifique, notamment au FMI, à la Banque mondiale et dans l'ensemble des institutions spécialisées de l'ONU traitant d'économie ou de social. Les Européens pourraient ainsi prouver leur unité au reste du monde, non par des discours, mais par des actes. Pourquoi les investisseurs et partenaires étrangers devraient-ils d'ailleurs croire à la pérennité de l'euro si les Européens eux-mêmes ne se font pas assez confiance pour unifier leurs représentations dans les

1. Comme le prévoit l'article 138 du traité sur le fonctionnement de l'UE.

instances où il est question d'une monnaie qu'ils disent commune et appelée, selon leurs propres dires, à le rester ?

L'affirmation du *droit à l'autodétermination* de la zone euro est particulièrement délicate, nous en avons conscience. Mais éluder le débat n'aurait qu'un effet : désorienter plus encore les citoyens et les marchés quant à la viabilité de l'euro. Si, aujourd'hui, il est important de respecter l'unité des institutions, il n'est pas interdit, pour l'avenir, de chercher des solutions dont, répétons-le, nous souhaitons qu'elles soient aussi inclusives que possibles.

### *La juste place du droit*

La Communauté économique européenne puis l'Union européenne sont des communautés de droit. La priorité donnée au droit sur les rapports de force, confortée par une jurisprudence très novatrice de la Cour de justice, est l'une des caractéristiques et l'une des réalisations les plus remarquables de la Communauté européenne.

Dans son livre *Il futuro della democrazia* [1], Norberto Bobbio étudie en détail, avec de nombreuses références à l'Antiquité grecque et à la philosophie moderne, les mérites respectifs des deux branches de l'alternative théorique « le gouvernement des hommes » ou « le gouvernement des lois ». Au nom de la démocratie, il conclut à la supériorité du « gouvernement des lois ».

1. *Op. cit.*, p. 168.

Nous pouvons nous réjouir de vivre dans un État de droit où l'action publique est rigoureusement encadrée. Mais il est clair que, dans les situations d'urgence, « le gouvernement des lois » n'est pas le plus réactif, surtout quand les « lois » n'ont pas prévu à l'avance les cas de crise.

Dans un tel cadre juridique, la réactivité ou ce qu'on pourrait appeler l'improvisation intelligente, cette vertu capitale des stratèges et des grands dirigeants, passe pour un vice et partant, la souplesse indispensable au « bon gouvernement », l'interprétation constructive sont interdites.

À l'exception des domaines où le traité a clairement confié des prérogatives autonomes à la Commission (politique commerciale ou de concurrence par exemple) ou à la Banque centrale européenne, les réactions de l'exécutif européen, partagé entre, d'un côté, la Commission européenne et, de l'autre, le Conseil européen et le Conseil des ministres, sont laborieuses. La différence entre la célérité de la Banque centrale européenne, le 9 août 2007, à la première alarme sur les marchés financiers américains, et la lenteur de l'exécutif à endiguer la crise grecque, à partir de début 2010, montre bien l'intérêt de disposer d'organes dotés de marges d'action discrétionnaire. La surabondance de règles, leur multiplication même, depuis le début de la crise, ne saurait pallier l'absence de marge de manœuvre des dirigeants. Déjà, en 2002, l'économiste Jean-Paul Fitoussi avait dénoncé le dilemme des Européens pris en tenaille entre « la règle et le choix [1] ».

---

1. *La Règle et le Choix. De la souveraineté économique en Europe*, Éditions du Seuil, 2002.

L'un des défis pour la zone euro est de se doter d'outils d'action susceptibles d'être mis en œuvre rapidement, en prise avec la réalité économique, tout en préservant les vertus de la « communauté de droit ». Un premier pas important a été franchi lorsqu'il a été décidé, dans le traité créant le Mécanisme européen de stabilité, de prévoir des procédures de décision non unanimes, plus flexibles (les voix d'États représentant 85 % des parts suffisent pour déclencher une intervention). Un État représentant une infime minorité de la population concernée ne pourra plus s'opposer à une décision.

Il était temps. La lecture de la presse anglo-saxonne révèle bien le désarroi des partenaires étrangers confrontés aux circonvolutions juridiques des Européens. Les Américains affirment volontiers : *« Yes, we can. »* Les Européens se demandent constamment : *« Can we ? »* ou peut-être, pour être plus exacts : *« Dürfen wir*[1] *? »*

Le plus étonnant est que l'importance extrême donnée aux règles ne s'accompagne pas toujours, dans l'Union européenne, d'un souci poussé de leur mise en œuvre. De là viennent en partie les difficultés de la zone euro.

Tocqueville insiste sur la nécessité, pour l'État fédéral américain, de disposer de prérogatives d'*exécution* propres[2]. L'une des forces de celui-ci, après l'entrée en vigueur de la nouvelle Constitution en 1789, tient selon lui dans l'existence d'une administration fédérale qui,

1. Littéralement, en allemand : « Avons-nous le droit ? » La langue allemande possède en effet deux verbes pour traduire « pouvoir » : *können*, qui renvoie à la capacité, et *dürfen* à la licéité de l'action.

2. *De la démocratie en Amérique, op. cit.*, I, p. 175. (Nous soulignons.)

dans des domaines précis, intervient dans les États alors que, dans la confédération antérieure, « les peuples qui s'alliaient dans un but commun consentaient à obéir aux injonctions d'un gouvernement fédéral mais gardaient le droit d'ordonner et de surveiller chez eux l'exécution des lois de l'Union ».

« Dans le cas où la mesure prescrite déplaisait à l'un [des gouvernements particuliers], ce dernier pouvait toujours se soustraire à la nécessité d'obéir. S'il était fort, il en appelait aux armes, s'il était faible, il tolérait la résistance aux lois de l'Union *devenues les siennes*, prétextait l'impuissance et recourait à la force d'inertie. »

« Aussi a-t-on constamment vu arriver l'une de ces deux choses : le plus puissant des peuples unis, prenant en main les droits de l'autorité fédérale, a dominé tous les autres en son nom ; ou le gouvernement fédéral est resté abandonné à ses propres forces et [...] l'Union est tombée dans l'impuissance d'agir. »

L'usage des armes mis à part, on croirait lire la description des déboires de la zone euro. Refuser des marges d'interprétation discrétionnaires au nom de la prééminence du droit, tout en continuant à refuser à l'Union les pouvoirs d'exécution des décisions communes, au détriment du droit, tel n'est pas le moindre paradoxe de l'Union économique et monétaire et même de l'Union européenne.

Aux États-Unis, le FBI, les garde-côtes ou les services fiscaux fédéraux assurent la mise en œuvre de certaines mesures, sous le contrôle de la Cour suprême.

En Europe, les administrations communes sont quasiment inexistantes. Et la Cour de justice, qui a si puissamment contribué à consolider le marché commun, continue à être largement tenue à l'écart du contrôle du respect des règles de discipline budgétaire. Elle ne jouera qu'un rôle limité dans la mise en œuvre du « traité budgétaire », contrairement aux ambitions initiales.

La taille des États, les marchandages politiques ne devraient pourtant jouer aucun rôle dans l'application des règles. Autant il est démocratique qu'au Parlement européen et au Conseil les pays les plus peuplés aient plus de voix au moment de leur adoption, autant une fois votée, la loi doit être la même pour tous.

Ces questions peuvent sembler abstraites. Elles commandent en réalité la crédibilité des instances communes et l'adhésion des citoyens. Lorsque le moment sera venu de refonder l'Europe, il faudra définir un nouvel équilibre entre la règle et le pouvoir discrétionnaire.

### *Veto or not veto ?*

Outre l'importance accordée au droit – que nous venons de rappeler –, la lenteur des réactions européennes tient aussi au fait que le Conseil européen (à dix-sept comme à vingt-sept) décide en général par consensus.

Au Conseil des ministres, il est fréquent que les décisions puissent désormais être prises à la majorité qualifiée, les traités ayant constamment restreint, au moins en droit, le champ des décisions unanimes. En pratique, les gouvernements ont cependant tendance à chercher encore le consensus. D'où, hélas, un certain nombre de décisions au rabais et au ralenti, où la substance est indûment sacrifiée à une unanimité que les traités n'exigent pas et qui pourrait être évitée.

Au Conseil européen, chaque pays entend défendre ses intérêts « vitaux », au besoin contre les autres, même si cette pratique est à la fois peu démocratique (puisqu'elle permet au représentant d'une minorité, le cas échéant, de bloquer une décision voulue par l'immense majorité) et nocive (puisqu'elle peut retarder des décisions importantes).

Mais elle présente un certain intérêt quand un chef de gouvernement fait pression pour que soit prise une décision qui irait dans l'intérêt général mais à laquelle d'autres partenaires font obstruction : dans ce cas-là, le veto peut être en quelque sorte utilisé « à l'envers » pour forcer l'Europe à agir.

Lors du Conseil européen du 28 juin 2012, l'Italie suivie par l'Espagne a ainsi proposé que le Conseil européen fasse ce qui est nécessaire pour assurer la stabilité de la zone euro, notamment en ayant recours de manière souple aux fonds de secours (FESF, MES) pour stabiliser les marchés, dans le cas d'États membres respectant leurs engagements à l'égard de l'UE, et se soumettant à certaines conditions. Ces pays demandaient aussi que les fonds de secours puissent, sous certaines conditions, recapitaliser directement les banques.

Ces demandes étaient certes fondées sur l'intérêt de chacun de ces deux pays mais le refus initial de certains autres partenaires de prendre la mesure du problème créait aussi un risque pour l'ensemble de la zone euro. Plusieurs interlocuteurs dans les pays tiers, plusieurs gouvernements de l'Union et de la zone euro ainsi que d'innombrables articles dans la presse anglo-saxonne, américaine notamment, attestaient un diagnostic assez largement partagé, dans le monde, sur l'urgence d'agir. D'où la décision des deux chefs de gouvernements, appuyés par d'autres peu à peu convaincus, de s'opposer à tout accord à vingt-sept, notamment sur le « pacte de croissance », tant que des solutions appropriées ne seraient pas trouvées, à dix-sept, aux problèmes sérieux qu'ils avaient évoqués, ce qui fut le cas après une nuit de négociations intenses.

À terme, dans un système plus achevé, l'unanimité devrait bien sûr être complètement éliminée ; en général, elle encourage la surenchère, au risque de la paralysie, et n'obéit pas au principe démocratique. En attendant, des solutions provisoires pourraient être développées pour en limiter les effets néfastes.

Georges Berthoin a exposé dans un entretien récent [1] son idée de « veto responsable » : dans les matières où le veto demeure, il serait conservé mais, si un État s'opposait à une proposition de la Commission, un débat en séance plénière du Parlement européen serait rapidement organisé entre la Commission européenne et cet État. Il serait conclu par un vote. Le Parlement pourrait soit désavouer la Commission qui serait alors obligée de renoncer ou de préparer, le cas échéant, une autre proposition, soit donner tort à l'État. Dans ce dernier cas, la proposition deviendrait définitive pour tous sauf l'État opposant, qui pourrait soit changer d'avis, soit négocier avec la Commission une période transitoire ou les conditions de non-application, voire

1. « L'héritage de Jean Monnet. Entretiens avec Éric Roussel », *Revue des Deux Mondes*, avril 2012.

sa sortie de l'Union. En parallèle, des mesures seraient prises pour que la Commission, resserrée, retrouve son caractère supranational.

Le chantage lié au veto serait ainsi supprimé sans dépouiller les États du droit de contrer la Commission.

Naturellement, une telle proposition n'est pas conçue pour les temps de crise ; on imagine mal le Parlement européen départageant des États, par exemple, durant un Conseil européen qui se tient dans l'urgence. Mais, pour des périodes plus calmes, l'idée que les anglophones formulent avec l'expression *« comply or explain »* (« respecter les règles ou s'expliquer ») nous paraît mériter considération.

Si la Commission européenne se voit reconnaître plus de pouvoirs et si ses décisions sont susceptibles de devenir réalité de manière plus « automatique », le débat public sur ses prises de position doit être plus approfondi. La proposition de M. Berthoin permettrait de substituer une pression publique à l'illusoire pression par les pairs, derrière les portes closes du Conseil.

Quand le Parlement européen, dans le « 6 pack », a conçu le concept de « dialogue économique », permettant au Parlement européen d'inviter le ministre des Finances du pays épinglé par la Commission à venir s'exprimer devant la commission parlementaire compétente, il était inspiré par une logique similaire.

Notons qu'il ne s'agit pas d'une *accountability* pleine et entière devant le Parlement européen, mais d'un dialogue informel, destiné à compenser le caractère potentiellement brutal, ou erroné, des sanctions « automatiques ».

### *L'intégrité de la zone euro*

L'idée a commencé à circuler qu'il serait profitable de scinder la zone euro en deux, en séparant, sur la base de leurs performances actuelles, les États du Sud et ceux du Nord.

Il est certain que les différences qui se creusent entre certains États de la zone euro rendent celle-ci moins « optimale ». Le risque est grand qu'à ce degré d'hétérogénéité la politique monétaire ne convienne à aucun État membre.

Pour autant, l'idée d'une scission ne devrait pas être invoquée à la légère. Et ce pour quatre raisons.

En premier lieu, il n'est pas facile de savoir où passerait la frontière séparant le Nord du Sud de l'Europe. La France serait-elle encore du côté des États membres les mieux classés, en tenant compte des taux d'intérêt dont elle bénéficie et de l'intensité de ses échanges avec l'Allemagne ou, au contraire, classée avec les pays du Sud, en se fondant sur la dégradation de ses positions commerciales ou de sa productivité ?

Les frontières des pôles économiques et celles des États ne coïncident d'ailleurs plus : l'Italie du Nord est par exemple étroitement liée, sur le plan économique, à la Bavière ou à l'Autriche, l'Alsace au Bade-Wurtemberg, la Lorraine au Luxembourg. Des sous-traitants seraient séparés de leurs fournisseurs, des salariés de leurs employeurs.

En second lieu, l'euro était censé conforter l'unité de l'Europe. Le chancelier Kohl a même dit, au moment de la ratification du traité de Maastricht, que la monnaie unique était une question « de guerre ou de paix ». Ses paroles rappellent qu'il serait périlleux, au mépris de l'histoire, de dissocier le Nord du Sud, l'Allemagne de la France. Elles exhortent les partenaires européens à travailler ensemble, *malgré* toutes les difficultés, voire *à cause* des difficultés, sur des terrains où les cultures, les traditions, les expériences sont opposées. Car, contrairement à ce que croient trop de commentateurs étonnés de leur caractère laborieux, la vertu des relations franco-allemandes et, au-delà, de la coopération communautaire, consiste moins dans une concorde spontanée que dans l'ardent effort de combiner des contraires. C'est cette tension entre des pôles opposés qui a fait tenir ensemble une Europe hétérogène, traversée de courants antagonistes.

Il serait désolant de séparer les pays fondateurs de la Communauté économique européenne en barrant d'un trait de plume des décennies de coopération et d'enrichissement mutuel. L'Europe des Six, celle de la Communauté du charbon et de l'acier puis du traité de Rome, comptait déjà dans ses rangs des Latins et des Germains. C'était à la fois son charme et sa force.

Et si la France et l'Allemagne non seulement suivaient un destin séparé, mais s'entouraient d'une « zone d'influence » composée de pays satellites, nous serions ramenés à des temps incertains.

Lorsque le président Sarkozy a proposé sa première version de l'Union pour la Méditerranée, en 2007-2008, qui, elle aussi, séparait les intérêts stratégiques français et allemands, la chancelière Merkel a alors vivement réagi. À raison, elle a exigé le retour de cette politique dans le giron commun, exactement comme les Français et les autres partenaires de l'Allemagne sont en droit de veiller à ce que la politique vis-à-vis de la Russie par exemple soit débattue à vingt-sept. Loin d'être féconds et tournés vers l'avenir, les grands desseins géopolitiques séparés sont en réalité nostalgiques et périlleux [1].

Ensuite, d'autres moyens existent de remédier aux divergences de la zone euro qui, loin d'être une fatalité, résultent d'une pathologie qui peut être traitée si les États prennent enfin au sérieux l'obligation de considérer les politiques économiques comme un intérêt commun. Les dernières réformes que nous avons déjà citées (le « 6 pack », le traité budgétaire), la réorientation des politiques vers la croissance et l'investissement représentent de réels progrès. Il serait préférable de laisser à ces décisions le temps de produire leur effet, avant de formuler des hypothèses hasardeuses.

Enfin, les promoteurs d'une fracture semblent oublier que la monnaie unique a été créée pour limiter les risques de change dans le grand marché ; une fragmentation de la zone euro aurait inévitablement pour conséquence le retour de la fluctuation des monnaies, contre laquelle les entreprises devraient à nouveau se couvrir.

L'idée de scinder la zone euro en deux nous fait penser à un autre roman d'Italo Calvino, *Le Vicomte pourfendu* [2], qui raconte l'histoire de Médard de Terralba, jeune aristocrate blessé par un boulet sur un

1. Voir Sylvie Goulard, *Il faut cultiver notre jardin européen*, Éditions du Seuil, 2008.
2. *Le Vicomte pourfendu* [1952], Le Livre de poche, 1982.

champ de bataille, qui survit à la guerre en deux morceaux, chacune des deux « moitiés » concentrant respectivement toutes les qualités et tous les défauts de l'individu initial.

Cette fable grinçante sur la tentation manichéenne qui, à intervalles réguliers, séduit les esprits humains, devrait faire réfléchir ceux qui ont un peu trop tendance à croire que le bien et le mal sont séparés et qu'il est possible, en fonction de la naissance ou du hasard de la vie, de se trouver du bon ou du mauvais côté, de façon définitive.

Les traditions culturelles des pays d'Europe sont différentes, les performances des uns et des autres sont plus ou moins brillantes mais tous les peuples, sans exception, connaissent des cycles de succès et d'échecs ; tous ont des atouts et des handicaps et jamais, dans l'histoire de l'humanité, le vice et la vertu n'ont été répartis en fonction des passeports.

Enfin, tous les pays ont été, à tour de rôle, dans la situation de remettre des dettes ou d'en demander la remise.

Nul ne sait ce qui peut arriver en Europe, mais autant que possible l'ambition de l'euro doit être maintenue, intacte, unitaire, en utilisant les hommes de bonne volonté présents dans tous les pays. En ce moment, certains jettent de l'huile sur le feu, réchauffent de vieux préjugés ou se livrent à un défoulement irresponsable. Loin de partager le pessimisme de ceux qui se laissent aller à ces illusions, nous voudrions proposer une autre lecture.

Malgré les « turbulences » et la confusion qui en découle, la zone euro a progressé : l'instauration d'un fonds permanent de secours, par exemple, était une chimère il y a encore trois ou quatre ans, tout comme l'idée d'une supervision bancaire unique ou d'un contrôle mutuel des politiques économiques.

Nous sommes également convaincus que cette crise marque un réel progrès dans la diffusion de valeurs telles que la discipline budgétaire, l'indépendance de la banque centrale ou la prise de conscience de l'importance des hausses de productivité : des courants politiques peu portés vers les réformes ont intériorisé ces contraintes. Des pays ont drastiquement modifié leurs budgets, changé leurs lois sociales, et même bouleversé leurs pratiques institutionnelles pour rester dans la course. Sous la pression des circonstances, les gouvernements qui niaient certaines dérives, ou refusaient d'ouvrir des chantiers délicats, sont en train d'évoluer. Dans la douleur, d'une manière peut-être un peu brouillonne, peu élégante, une prise de conscience est en marche.

Là encore, l'erreur des esprits chagrins est moins dans l'analyse de l'économie que dans celle de l'âme humaine. Quand on voit la somme des intérêts en jeu – financiers, politiques, économiques, sociaux –, quand on mesure la difficulté, dans des sociétés vieillissantes, gavées de bien matériels, à faire évoluer les mentalités, minimiser ce qui a été accompli en deux ans seulement révèle un manque de clairvoyance assez confondant. La situation est troublée mais nous ne devrions pas perdre confiance en nous-mêmes et en l'Europe.

## Conclusion

Un mot d'esprit autrichien nous semble parfaitement décrire l'Europe dans la crise : *« die Lage ist hoffnungslos aber nicht ernst »* (la situation est désespérée mais elle n'est pas grave) ; ces dernières années, les Européens ont beaucoup dramatisé en paroles, sans toujours agir en conséquence. Le nombre élevé des sommets « de la dernière chance » en est la preuve. L'avenir seul dira si le tournant pris en juin 2012 est, à cet égard, une véritable inflexion.

En tout état de cause, le régime politique européen n'est plus adapté à l'interdépendance que crée la monnaie. Admettons-le. Posément, sans fard, expliquons aux Européens quelle est la situation.

À ce jour, la question la plus importante semble être : l'euro va-t-il survivre ? À nos yeux, que la zone euro se perpétue et s'étende ou rencontre des difficultés, l'interrogation fondamentale est autre : les Européens ont-ils compris l'évolution du monde ? Au-delà des discours, sont-ils prêts à agir pour défendre non seulement leurs intérêts économiques immédiats, mais aussi des valeurs supérieures ?

Mesurent-ils que, dans l'affirmative, le pouvoir politique doit être exercé autrement, en transférant à un niveau supérieur certaines compétences qu'il est illusoire de penser exercer séparément, en se bornant à se coordonner ?

Même si la monnaie unique venait à disparaître ou l'Union à rétrécir, le besoin d'unité resterait. Une tentative aurait échoué mais il faudrait reconstruire quelque chose d'autre, en affrontant exactement les mêmes problèmes de partage de pouvoir et de souveraineté. Le retour en arrière, dans le giron de l'État-nation, n'est pas une option. C'est une illusion. Et la nostalgie des cercles restreints fait l'impasse sur des difficultés que le nombre de participants augmente, assurément, mais ne crée pas. Même dans l'Europe des Six, la France a pratiqué la politique de la chaise vide.

D'où notre conclusion, identique dans toutes les hypothèses : garder le cap de l'unité.

# Conclusion

## DES PISTES D'AVENIR

J'avoue qu'il est difficile d'indiquer d'une manière certaine le moyen de réveiller un peuple qui sommeille, pour lui donner les passions et les lumières qu'il n'a pas ; persuader aux hommes qu'ils doivent s'occuper de leurs affaires est, je ne l'ignore pas, une entreprise ardue. Il serait souvent moins malaisé de les intéresser aux détails de l'étiquette d'une cour qu'à la réparation de leur maison commune.

Alexis de Tocqueville [1]

1. *De la démocratie en Amérique*, *op. cit.*, I, p. 100.

La refondation de l'Europe est une entreprise ardue. Comme nous l'avons indiqué précédemment, elle pourrait emprunter des voies diverses, de la conservation des institutions communautaires créées dans les années 1950, qui n'obéissent pas à la logique de la séparation des pouvoirs, à une évolution plus poussée dotant l'Union, ou au moins la zone euro, d'un régime parlementaire, avec un gouvernement responsable devant un Parlement voire, comme aux États-Unis, d'un régime présidentiel. À ce stade, aucune piste de réflexion ne devrait être écartée.

Dans le premier cas, il faudrait toutefois que la méthode communautaire soit enfin expliquée et défendue, au lieu d'être si souvent vouée aux gémonies. C'est d'autant plus difficile que les attaques récurrentes contre l'Europe communautaire, au nom de la « démocratie » ou de la « subsidiarité », ont déjà profondément abîmé son image, tout comme les déboires de l'Union économique et monétaire ont entamé sa crédibilité. Il ne sert à rien de nier l'ampleur des dégâts.

L'option consistant à changer de régime politique représente une étape plus radicale, avec tous les avantages et toutes les peurs qui y sont forcément liés. Au fil de cet ouvrage, nous avons énuméré les arguments, nombreux, qui poussent à s'engager sur cette voie. Il serait toutefois irresponsable de minimiser les difficultés, surtout dans un contexte où certains concepts, notamment celui de « fédéralisme », suscitent des interprétations erronées pour ne pas dire de véritables fantasmes [1].

Mais il serait non moins dommage de négliger le fait que le passage à une union fédérale pourrait nous rendre « plus libres », comme l'a relevé fort justement l'ancien président du Conseil Giuliano Amato [2]. Aujourd'hui, le refus du fédéralisme entraîne des intrusions des autres partenaires et de l'Union européenne qui vont bien au-delà de ce qui serait toléré dans certaines fédérations. La perte d'autonomie budgétaire, les contraintes en matière sociale (retraites par exemple), voire l'impact sur les équilibres constitutionnels internes sont tels qu'on peut se demander s'il ne vaudrait pas mieux passer enfin à un régime politique fédéral mieux organisé.

Notre ambition n'est pas de trancher ce nœud gordien une fois pour toutes, mais d'inviter à sortir de l'entre-

---

1. La comparaison des dictionnaires de plusieurs États membres est éclairante : pour le Duden allemand, c'est « l'effort tendant à l'édification ou au maintien d'un État fédéral avec une autonomie étendue des entités fédérées » (accent mis sur l'autonomie) ; pour le Robert français, c'est « un système politique dans lequel le gouvernement central d'un État (gouvernement fédéral) partage avec les gouvernements des collectivités qui forment cet État les diverses compétences constitutionnelles » (accent mis sur le centre) ; pour le Devoto-Oli italien, c'est « l'organisation politico-administrative d'un État unitaire favorable à la reconnaissance d'amples autonomies territoriales et de fonctions gouvernementales ».

2. « Il modello federale per essere più liberi », *Sole-24 ore*, 29 avril 2012.

deux dangereux où nous nous mouvons et où les attaques contre le régime existant, combinées au refus d'aller plus loin, mettent notre avenir en danger. L'essentiel serait non seulement d'identifier sérieusement les impasses du régime politique actuel mais aussi d'en saisir les potentialités et, quel que soit le choix qui serait finalement fait, de s'y tenir avec cohérence. Ce qui est puéril, c'est de vouloir tous les avantages et de refuser tous les inconvénients, d'espérer être aussi forts que si l'Europe était unie, tout en conservant autant de souveraineté nationale que si elle ne l'était pas.

En juin 2012, comme nous l'avons déjà indiqué, le Conseil européen a franchi une étape majeure : l'enjeu n'était rien de moins que de redonner à l'Europe de l'espace et du temps.

De l'espace, parce que, comme nous l'avons rappelé, il fallait sortir de l'illusion que la juxtaposition de « maisons en ordre » suffisait à assurer la prospérité de l'ensemble : si l'assainissement des finances publiques comme la conduite des réformes structurelles doivent être poursuivis au niveau national, l'avenir de la zone euro et du marché intérieur appelle une prise de conscience des interdépendances, une volonté d'agir ensemble qui, jusqu'alors, a cruellement fait défaut. Le Conseil européen a, en quelque sorte, fait sauter un verrou mental, en assumant qu'il y a une composante commune dans les politiques destinées à stabiliser l'euro, au-delà des responsabilités de chaque État.

Du temps, parce que, en se plaçant dans la longue durée, les dirigeants ont à la fois redonné aux citoyens une perspective d'avenir et facilité la recherche de solutions aux problèmes les plus immédiats : par exemple, les secours à certains pays sont mieux acceptés par les opinions si celles-ci sont assurées, en parallèle, que la surveillance budgétaire mutuelle sera sérieusement améliorée et le cadre démocratique rénové.

La méthode consistant à combiner la profondeur du champ de vision et le pragmatisme de l'action a toujours été la caractéristique de l'Union européenne. De manière tortueuse, un peu confuse hélas pour les non-initiés, l'UE a renoué avec le meilleur de sa tradition : se rassembler autour d'une nouvelle étape à franchir.

Naturellement, rien n'est gagné ; le climat aura même rarement été aussi peu propice au succès. En s'astreignant à une approche globale, les Européens se sont fixé des objectifs qui peuvent sembler contradictoires : faire aboutir une supervision commune des banques de la zone euro au moment où les citoyens voudraient (et cela peut se comprendre) qu'on fasse plus pour eux que pour « la finance » ; donner une perspective de croissance et investir dans l'avenir, tout en réduisant les déficits et la dette ; concevoir des politiques communes au moment où l'Union, comme la zone euro, n'a jamais été aussi fragmentée ; ouvrir le chantier démocratique le plus décisif des soixante dernières années, dans un contexte de montée du populisme et du nationalisme.

Nul ne sait donc si les impulsions du Conseil européen, ajoutées aux mesures annoncées par la Banque centrale et à l'entrée en vigueur du fonds de secours permanent (MES), suffiront à faire sortir la monnaie unique de la zone de turbulences qu'elle traverse. La tempête peut se calmer ou reprendre de plus belle.

Tout en étant prudent, il ne servirait cependant à rien de rester enfermé dans un pessimisme stérile. C'est pourquoi nous avons pris le risque d'écrire ce livre paradoxal qui, au beau milieu de l'urgence, réfléchit au long terme.

La condition *sine qua non* de la réussite étant de ramener les Européens à l'Europe, nous nous bornerons à ouvrir quelques pistes, sans employer de jargon ni nous perdre dans des détails : la priorité est de fixer un cap et de s'y tenir. Un calendrier par étapes pourrait aider à passer, dans de bonnes conditions, du cadre existant, le seul disponible à ce stade, à un cadre rénové, indispensable à l'avenir.

La transition est particulièrement importante : il ne sert à rien de rêver d'un autre point de départ mais il est indispensable de clarifier de nouveau le point d'arrivée.

## Garder le cap (sur l'unité)

L'Europe a besoin d'un cap, sans faux-fuyant, et ce cap doit être l'unité : cette unité concerne avant tout les individus, les êtres humains qui peuplent l'Union et la font vivre. Jamais la phrase de Monnet sur la nécessité d'« unir des hommes » et « non de coaliser des États » n'a eu autant d'importance. Le revers le plus terrible d'une Europe qui se borne à des discussions entre gouvernements, c'est qu'elle n'inclut pas les personnes [1].

Depuis 1957, les traités mentionnent le but d'une « union sans cesse plus étroite », réaffirmé en 2009,

1. L'un des *Federalist Papers* les plus intéressants, rédigé par Hamilton, évoque d'ailleurs « le besoin de toucher les personnes » *(« the need to reach persons »)*, *op. cit.*, n° 16.

mais les mots s'envolent vite au vent mauvais. La très belle déclaration adoptée à Berlin le 25 mars 2007, à l'occasion des cinquante ans du traité de Rome – « notre chance, c'est d'être unis » –, a mal résisté à la crise.

On fait souvent le reproche à « l'Europe » d'être un projet d'élites mais il nous semble que, ces dernières années, les soi-disant élites ont souvent eu l'esprit ailleurs. En revanche, et il faut l'assumer, l'unification de l'Europe restera toujours un projet élitiste, au sens de sophistiqué, complexe, comme tous les projets de fédération.

Tocqueville rappelle les efforts qu'en leur temps les Américains ont accomplis : « Le gouvernement de l'Union repose presque tout entier sur des fictions légales. L'Union est une nation idéale qui n'existe pour ainsi dire que dans les esprits et dont l'intelligence seule découvre l'étendue et les bornes [1]. »

À plusieurs reprises, le jeune aristocrate français s'extasie de la capacité des Américains ordinaires à s'y retrouver dans un régime politique complexe. Les Hamilton, Madison et Jay des *Federalist Papers* ont pris la plume près de cent fois pour éclairer leurs concitoyens. En Europe, trop peu de personnalités consacrent du temps et de l'énergie à discerner les enjeux européens et à les exposer à l'opinion. Trop peu de place est faite au débat d'un pays à l'autre. Mais cela peut changer. Les marges de progression sont énormes puisque nous partons de très bas.

Il ne s'agit pas de singer les Américains. Nous sommes même exactement persuadés du contraire : les Européens doivent s'attacher à concevoir et mettre en

1. *De la démocratie en Amérique*, *op. cit.*, I, p. 185.

œuvre une organisation politique qui leur est propre. Mais de l'expérience américaine, comme de l'histoire de l'Europe, nous pouvons tirer une leçon : la puissance, la cohésion des États-Unis n'était pas écrite d'avance. L'entreprise aurait tout aussi bien pu échouer, comme la France aurait pu disparaître au temps du petit dauphin de Bourges ou l'Italie ne jamais s'unifier.

Les États-Unis doivent à la clairvoyance d'une poignée d'hommes d'avoir surmonté des divisions qui, en leur temps, ne paraissaient pas moindres que les nôtres aujourd'hui. Ils ont fait ce qu'il fallait pour créer une union durable et non ce qui était à portée de main.

Pour atteindre le cap, des étapes sont nécessaires, à court, moyen et long terme.

*À court terme*, l'urgence est de travailler dans le cadre juridique existant, sans se lancer dans une révision des traités. Plusieurs chantiers peuvent être ouverts rapidement et des réformes ont d'ailleurs commencé à être engagées, comme nous l'avons rappelé au fil de cet ouvrage. Mais beaucoup peut encore être fait à droit constant.

Dans son discours de Bruges, auquel nous avons déjà fait référence, le président Napolitano a souligné le risque que comporte la mise en chantier permanente de nouveaux traités : notamment celui de créer un « vide », ou une « période d'attentisme durant lequel les possibilités d'action, dans le cadre des traités existants, ne sont pas exploitées ». Cela ne signifie pas qu'il faille renoncer à réviser les traités mais une procédure aussi lourde ne doit être déclenchée qu'à bon escient et la période intermédiaire doit devenir un temps d'action et de débat, non un prétexte à procrastination.

Trois chantiers peuvent être ouverts immédiatement : sur l'esprit, en vue de conforter le marché unique et de consolider la zone euro.

### *Œuvrer au changement d'état d'esprit*

Sans une prise de conscience préalable que « l'esprit de négation » tue l'Europe, toute révision des traités, toute réforme institutionnelle de grande envergure serait vaine. Il faut donc d'abord travailler sur ce qu'on pourrait appeler l'immatériel.

Responsables européens d'un côté, nationaux de l'autre devraient signer une sorte d'armistice, consistant en un « désarmement mutuel ». L'Europe est un bien commun. Elle mérite le respect de la classe politique nationale tout comme, du reste, les responsables nationaux méritent le respect des acteurs européens.

En outre, il serait temps que les pro-Européens affrontent plus ouvertement les nationalistes et les populistes, démontent leurs argumentations xénophobes et contrecarrent leurs visions économiques fantaisistes. Nous n'avons aucune raison de nous laisser mettre sur la défensive par des individus qui, le plus souvent, ne proposent rien qui soit à la mesure des changements du monde.

Dans ce double exercice sur l'esprit, les partis politiques ont un rôle tout particulier à jouer, comme l'a rappelé le président Napolitano dans un discours à Venise [1].

Voilà pour l'élimination des idées fausses. Doivent s'y ajouter, avec plus de détermination, des efforts pour

1. « Le nuove mappe della politica in Italia e in Europa », Fondazione Pellicano, Venise, 6 septembre 2012.

rapprocher les Européens, pour laisser s'épanouir les « affinités électives ».

Depuis les origines de l'Union, les efforts déployés pour que les Européens se connaissent et se comprennent ont été notoirement insuffisants ; des cloisonnements sont entretenus, des préjugés perdurent, qu'on essaie ensuite, difficilement, de surmonter. Un investissement accru dans l'apprentissage précoce des langues, dans de nombreux pays, et dans les échanges de jeunes (et de moins jeunes) serait un minimum. Si les parents avaient le sentiment que leurs enfants reçoivent une éducation qui leur permet de vivre à l'avenir en citoyens européens (en tirant profit du marché unique), ils seraient moins inquiets pour leur avenir et moins sceptiques face à l'Europe.

## *Un nouveau « Collège de France » pour l'Europe*

Nous voudrions aussi proposer de créer un lieu européen de débats et de confrontation d'idées sur le modèle du Collège de France – cette institution, créée en 1530, sans équivalent à l'étranger, qui est à la fois un centre de recherches pluridisciplinaire et un lieu d'enseignement ouvert à tous [1].

---

1. Ce n'est pas un collège au sens où on l'entend aux États-Unis (et encore moins où on l'entend en France dans le langage courant, pour désigner un établissement d'enseignement secondaire) ; il ne ferait en rien concurrence au Collège d'Europe situé à Bruges, créé après la Seconde Guerre mondiale pour former les futurs fonctionnaires européens, qui délivre des masters, ni à l'Institut universitaire européen de Florence, qui est un centre de recherches pluridisciplinaires plus académique.

Sa vocation serait de faire progresser les travaux et la réflexion sur l'histoire de l'Europe, le rapprochement des peuples européens, le rôle de l'Europe dans le monde, d'encourager les échanges sur son modèle économique et social, des rencontres de scientifiques et d'artistes.

Sous une forme un peu différente, le député européen Bronislaw Geremek avait proposé en octobre 2007 d'installer une université européenne à Strasbourg, dans les locaux du Parlement européen [1].

Nous partageons la conviction que les locaux du Parlement européen à Strasbourg gagneraient à être utilisés de manière permanente et le travail des députés rationalisé. En siégeant à Bruxelles en permanence, où se trouvent d'ores et déjà les contacts nécessaires à leur travail (Commission, représentations permanentes, ONG et représentants des milieux économiques, presse internationale), les députés emploieraient mieux leur temps. La France ferait certes le sacrifice du siège du Parlement mais elle bénéficierait en contrepartie de la présence sur son sol d'un foyer permanent de rayonnement intellectuel et moral européen, non moins symbolique.

Les montants aujourd'hui consacrés, de manière peu productive, aux déplacements des députés européens pourraient être maintenus dans le budget européen pendant une période à déterminer (dix ans par exemple) afin d'abonder le capital d'une fondation européenne indépendante, qui disposerait ainsi durablement des ressources nécessaires à son fonctionnement sans

1. Jérôme Monod et Bronislaw Geremek, « Appel pour une université européenne à Strasbourg », Fondation pour l'innovation politique.

grever les budgets publics (sans exclure bien sûr l'appui de collectivités locales et de partenaires privés).

L'image du Parlement européen et de l'Europe seraient rehaussée par la fin d'une transhumance de plus en plus contestée, tandis que la vocation symbolique et historique de Strasbourg serait confortée. Il serait même possible d'imaginer de valoriser la coopération transfrontalière franco-allemande entre Strasbourg et Kehl pour donner au projet une dimension encore plus européenne.

### *Faire les Européens*

Aux côtés de l'établissement de très haut niveau, on pourrait imaginer d'organiser aussi des « universités populaires » destinées à un public plus large, associant des réseaux d'échanges de savoir, des personnes en formation. En particulier, des séminaires interculturels destinés aux élus, et notamment aux candidats à des fonctions politiques et administratives de responsabilité dans les États membres (dans les partis et les collectivités nationales, la diplomatie, la magistrature, l'enseignement, etc.), pourraient être imaginés, en profitant de la présence et du savoir-faire de l'École nationale d'administration (ENA), installée elle aussi dans cette ville.

À ce jour, l'exercice partagé de la souveraineté ne donne pas lieu à une préparation suffisante des responsables politiques. Dès le lendemain de leur élection, la plupart des dirigeants sont jetés dans le grand bain européen, sans bouée ni entraînement. Faut-il s'étonner ensuite des malentendus et difficultés à avancer ensemble ?

Dans cette entreprise, une attention particulière devrait être accordée aux jeunes Européens issus de l'immigration qui ne peuvent pas trouver dans le cadre familial les mêmes repères européens mais bénéficient, en règle générale, d'une plus grande aptitude à travailler dans les ambiances multiculturelles.

Selon des modalités à définir, Internet devrait être utilisé en vue de créer des réseaux plus vivants (écoles, entreprises, collectivités locales, etc.). Nous avons évoqué le potentiel des réseaux sociaux. Aucune réforme démocratique ne saurait se concevoir sans une agora électronique vivante.

### *Améliorer le travail du Conseil européen*

Même sans changer les traités, les chefs d'État et de gouvernement pourraient également tenter de prendre conscience des inquiétudes que suscite le fonctionnement actuel du Conseil européen ; des efforts pourraient être faits dans deux directions :

– accroître le dialogue entre le Parlement européen et les chefs d'État et de gouvernement en associant les parlementaires à l'exercice mené par Herman Van Rompuy. Comment réfléchir à la démocratie et à l'*accountability* sans associer pleinement l'institution élue au suffrage universel direct ?

– rédiger et faire adopter un code de conduite définissant des règles de communication sur les décisions du Conseil européen. L'objectif serait à la fois d'éviter les déclarations à chaud, parfois ambiguës, parfois mal interprétées, à l'issue des réunions, mais aussi de prévoir une ligne dans la durée ; si les chefs d'État et de gouvernement s'engageaient plus résolument à expliquer les décisions du Conseil européen une fois rentrés chez eux, à mieux faire la pédagogie de l'Europe et à appeler, dans les médias et dans le débat national, à une certaine retenue, les critiques infondées envers Bruxelles (le *Brussels bashing*, diraient les Anglais) ou envers les partenaires pourraient être atténuées.

### *Conforter le marché unique*

Le travail à vingt-sept sur le marché unique, englobant les moyens de faire accepter de nouveau le marché, dans l'esprit du rapport, déjà cité, remis par Mario Monti à José Manuel Barroso le 9 mai 2010, pourrait être accéléré. Le rapport d'Herman Van Rompuy, attendu pour la fin de l'année 2012, pourrait proposer un nouveau compromis en vue de relancer le marché unique, tout en le faisant mieux accepter [1].

### *Consolider l'euro*

*La consolidation de la zone euro est nécessaire, aussi bien dans sa dimension politique* (émergence d'un Parlement de la zone euro au sein du Parlement européen, répartition des rôles avec les Parlements nationaux) *qu'économique et sociale* (politiques nationales et politique européenne de stimulation de la croissance, réformes structurelles, discipline budgétaire, conversion énergétique).

Devra s'y ajouter un effort progressif sur *le budget*, notamment la mise en place de ressources propres, possible

1. Voir chapitre 2.

dans le cadre des traités existants. La création d'un budget de la zone euro présenterait l'avantage de la doter d'un outil d'intervention macro-économique et de préparer l'octroi de compétences plus poussées du Parlement européen.

Ainsi, convaincre les Européens du bien-fondé des politiques européennes doit commencer *avant* que ne soit lancé un éventuel exercice de refondation institutionnelle de l'Europe, non pas pour le retarder mais pour accroître ses chances de succès.

## PRÉVOIR LES MODALITÉS D'UNE RÉVISION DES TRAITÉS

*À moyen terme*, et avant toute révision des traités, un accord devrait impérativement être trouvé sur la manière de les ratifier.

L'unanimité requise actuellement crée un risque de blocage qui n'est pas théorique [1]. C'est pourquoi il est indispensable de prévoir, *avant* toute nouvelle révision des traités, les modalités précises de leur future ratification. Rappelons que la Constitution des États-Unis d'Amérique est entrée en vigueur sans ratification unanime, le texte prévoyant que l'approbation de deux tiers des États suffirait ; seul l'État de Rhode Island est d'abord resté en dehors. De même, en Allemagne en 1949, la Bavière n'a pas formellement accepté la nou-

1. Comme le montre un petit calcul : une ratification unanime n'est certes pas impossible mais il faut avoir conscience qu'à vingt-sept, si la probabilité de ratifier est par exemple de 90 % dans chaque État, la probabilité totale est de 5,7 % !

velle Constitution fédérale mais elle n'a pas empêché son application sur le territoire bavarois. Le projet de traité d'Union d'Altiero Spinelli en 1984 ou le projet de Constitution rédigé par des fonctionnaires de la Commission européenne [1], durant la Convention, prévoyaient aussi des ratifications évitant le verrou de l'unanimité.

Notons que, depuis lors, les traités établissant le Mécanisme permanent de stabilité comme le *fiscal compact* (qui ne sont pas communautaires mais conclus respectivement à dix-sept et à vingt-cinq États) contiennent des clauses d'entrée en vigueur sans unanimité. C'est d'ailleurs possible en droit international, conformément à la convention de Vienne sur le droit des traités [2].

Une autre option consisterait à conserver l'unanimité tout en réglant au moins à l'avance, par un accord des États, les conséquences d'un vote négatif. Par exemple, chaque gouvernement s'engagerait à conclure la ratification dans un délai restreint (par exemple six mois) et, au cas où le vote du peuple serait négatif, à lancer une nouvelle consultation demandant : « Voulez-vous que notre pays continue à être membre de l'Union européenne en ratifiant ce traité ou, à l'inverse, quitte l'Union ? », ce qui déboucherait le cas échéant sur un statut d'État associé à l'UE.

1. Dit « projet Pénélope ».

2. Naturellement, nous avons conscience des difficultés que susciterait, dans l'Union européenne, ce type de géométrie variable, du moins pour la participation aux institutions des pays qui décideraient de se mettre à l'écart. Mais la paralysie inhérente à l'organisation de référendums ne peut non plus être ignorée.

Cette procédure pourrait même être prévue pour le cas où un pays refuserait de ratifier l'accord après un vote parlementaire. Même si la probabilité d'un non au stade ultime est moins forte par la voie parlementaire, il serait plus équitable d'en tirer les mêmes conséquences.

*À plus long terme*, une fois ces chantiers ouverts et cette précaution prise, un processus de révision des traités serait envisageable.

Cette révision devrait être menée à bien par les organes de délibération publique prévus par les traités (Convention) ou par une assemblée constituante *ad hoc* (notamment pour la zone euro, si nécessaire). Il ne nous appartient pas d'entrer ici dans le détail.

Si une réforme européenne de grande ampleur était envisagée, elle ne devrait pas être dissociée d'un effort de réforme du régime politique européen au sens large, englobant les États membres. Notamment, certaines constitutions nationales pourront être amenées à être révisées (comme cela s'est déjà produit par le passé). Sans doute faudrait-il aller au-delà et concevoir ces différentes révisions, à tout niveau, comme une réforme de la démocratie en Europe, en veillant à la cohérence d'ensemble. Il est difficile d'harmoniser les calendriers des élections nationales, soumises à divers aléas (démission anticipée, dissolution du Parlement, maladie ou décès éventuel des responsables), mais c'est bien dans cette direction qu'il faudrait travailler pour éviter à l'Union européenne d'être chaque année otage de telle ou telle élection nationale.

S'agissant du niveau européen, nous rappellerons seulement pour mémoire les objectifs essentiels que nous avons identifiés dans ce livre :

– *remettre la compétitivité au service de la lutte contre les inégalités*, conformément à l'esprit du traité de Rome et au principe de « l'économie sociale de marché hautement compétitive », introduite en 2009 dans le traité de Lisbonne ; sans maintenir ses performances à un niveau global, l'Europe serait bien incapable de défendre ses valeurs et son modèle de société dans le monde ;

– *faire émerger la démocratie par-delà les frontières*, avec l'ambition d'arriver à ce que tous les citoyens (de l'Union, ou au moins de la zone euro) participent au choix des dirigeants européens et influent sur les décisions, sur une base égalitaire. Nous ne trancherons pas ici sur les moyens d'y arriver mais sommes certains que l'absence d'*accountability* du Conseil européen pose désormais problème, vu l'importance qu'il a prise peu à peu. Comme il paraît difficile d'élire directement et de renverser un tel organe, sans doute faudra-t-il réfléchir à d'autres innovations : lui substituer un gouvernement responsable devant une assemblée européenne, le Conseil devenant la deuxième chambre d'un régime parlementaire ? ou bien le remplacer par un président élu au suffrage universel direct, faisant contrepoids à ces deux chambres ? Chacune de ces solutions a des avantages et des inconvénients mais les aspirations à plus de légitimité, *via* un vote égalitaire, et plus d'efficacité ne sauraient être ignorées.

## Représenter les générations futures

Pour finir, un point nous tient particulièrement à cœur.

L'allongement de la durée de la vie, les atteintes à l'environnement, notamment la raréfaction des ressources naturelles, comme l'existence de dettes élevées reportent sur les générations futures des charges indues. Contre les dangers de certains processus de production, contre certains abus du capitalisme ou l'endettement excessif, l'Union européenne et les États membres ont su mettre en place, depuis des années déjà, des régulations environnementales, des contrôles de la concurrence ou des garde-fous législatifs. Les Européens pourraient aller plus loin et confier à l'Europe, à l'échelle mondiale, la mission de défendre les générations futures contre le court-termisme.

Bâtie sur le premier marché de la planète, l'Union pourrait employer sa puissance commerciale à contenir la marchandisation excessive, à éviter les gaspillages et à partager son bien-être afin de préserver les matières premières, les mers et les terres, les espèces végétales, les cultures qui sont les plus fragiles.

Concrètement, cela pourrait consister à confier à un certain nombre de députés européens, élus sur des listes pan-européennes, la mission de veiller au respect des impératifs de long terme. Des « études d'impact générationnel » pourraient être exigées avant de légiférer ou de trancher au Conseil européen [1].

Construite pour apporter la paix, l'Union européenne n'a pas encore trouvé une parade complète pour éviter cette « drôle de guerre » particulièrement odieuse où les jeunes, les enfants et ceux qui ne sont pas encore

1. En Californie, des expériences dans cette direction ont eu lieu avec la mise en place d'un Think Long Committee (Nathan Gardels, art. cit.). Pierre Rosanvallon a proposé, pour sa part, la création d'une « académie du futur » composée de scientifiques, de philosophes, d'experts reconnus du développement durable.

nés ne peuvent même pas riposter. Mais elle peut y travailler.

Elle s'attacherait, prolongeant l'œuvre des pères fondateurs, à réconcilier ainsi les hommes d'aujourd'hui et ceux de demain.

# Les idées qui nous tiennent à cœur

1. La crise que nous vivons n'est pas seulement, comme on l'entend souvent, une crise de l'Union européenne, qui serait dépourvue de *légitimité*. C'est aussi une crise d'*autorité* des États, désormais privés, à leur niveau, de moyens d'action efficaces.

2. Selon Tocqueville, depuis des siècles, la marche vers *« l'égalité des conditions »* politiques qui a aboli les castes et permis le suffrage universel ne s'est jamais ralentie. La construction européenne ne peut pas échapper à un mouvement aussi ancien et aussi ample.

3. C'est d'abord une revendication politique, de démocratie *par le peuple* : les Européens devraient pouvoir choisir ensemble les responsables qui les guident et orienter ensemble les politiques qui les concernent.

4. Le développement d'Internet (qui offre un accès interactif au savoir et à l'information et relativise territoires et appartenances traditionnelles) accroît aussi la demande de *participation* à la vie politique.

5. C'est aussi une revendication économique et sociale, de démocratie *pour le peuple* : l'Europe et les États membres ont toléré une montée inquiétante des

inégalités liée notamment au manque de compétitivité et de croissance ainsi qu'au recul des politiques fiscales redistributives.

6. Le renforcement de la démocratie au seul niveau national n'apporterait pas une solution suffisante : il ne permet pas de légitimer les décisions là où elles doivent être prises ; et le repli sur les États, les Parlements nationaux, porte en lui de graves ferments de *division*.

7. Les décisions doivent être prises en commun parce que le partage d'une même monnaie appelle non seulement des actions nationales mais aussi des *politiques communes*, adossées à un budget. Le délitement du marché intérieur qui explique en partie le ralentissement économique doit être combattu.

8. Ce qui nuit le plus à l'Europe, à la zone euro, c'est *l'esprit de négation*, le dénigrement systématique de l'œuvre commune ; c'est l'illusion que nous pourrions être aussi forts que si nous étions unis, conserver autant de souveraineté nationale que si nous ne l'étions pas.

9. Le Conseil européen de juin 2012 a reconnu l'interdépendance et le besoin d'action commune, et a lancé une réflexion opportune sur l'avenir de l'Europe. Le processus de réflexion est important mais soumis à de sérieux aléas, notamment dans un contexte de montée des populismes et des nationalismes.

10. La refondation de l'Europe passe par un *choix à assumer* : soit le maintien d'une Europe originale, différente de la démocratie parlementaire classique, ce qui supposerait toutefois de la comprendre et de la défendre ; soit la création d'une démocratie parlementaire européenne, voire d'un régime présidentiel. Le pire en tout cas est l'entre-deux, la critique permanente du

système au nom de la « démocratie », sans être prêt à l'instaurer effectivement.

11. Avant de négocier de nouveaux traités, il conviendrait de *définir précisément les modalités de leur éventuelle ratification*, afin d'éviter qu'une majorité d'Européens soit prisonnière de vues exprimées par une minorité qui n'a même pas à assumer les conséquences de son choix.

12. La démocratie nationale, otage du court terme, a trop souvent sacrifié l'intérêt des générations futures ; la vie politique, conflictuelle, est trop peu soucieuse d'intérêt général. Instaurer une démocratie plus vivante au niveau européen ne devrait pas aboutir à reproduire ces travers mais viser au contraire *à réconcilier les générations*.

# RÉFÉRENCES BIBLIOGRAPHIQUES

Le lecteur qui souhaiterait se reporter aux écrits antérieurs des deux auteurs sur les sujets traités dans ce livre pourra lire les ouvrages et articles suivants. Toutes les autres références sont indiquées en notes de bas de page.

## SYLVIE GOULARD

*Le Grand Turc et la République de Venise*, avant-propos de Robert Badinter, Fayard, 2004.
*Le Coq et la Perle, 50 ans d'Europe*, Éditions du Seuil, 2007.
*L'Europe pour les nuls*, First Éditions, 2007 (Prix du livre européen 2009).
*Il faut cultiver notre jardin européen*, Éditions du Seuil, 2008.

## MARIO MONTI

*Il governo dell'economia e della moneta*, Longanesi and C., 1992.
*Le parole e i fatti*, RCS, 2012.

## ARTICLES

Dans la liste ci-dessous, les auteurs sont nommés par leurs initiales ; les abréviations *CdS* et *FT* désignent respectivement le *Corriere della Sera* et le *Financial Times.*


### *Chapitre premier*

« Migliorare la democrazia », MM, *CdS*, 7 juin 2006.

« Un liberale colbertista », MM, *CdS* et *Le Figaro*, 30 juillet 2007 sous le titre « Sarkozy, l'Europe et la concurrence ».

« Europe must buck its short term tendencies », MM, *FT*, 14 décembre 2010 ; en italien « L'Europa, la Germania e la tirannia del breve termine », *CdS*, 15 décembre 2010.

« Una strategia per la crescita », MM, *CdS*, 1er mai 2011.

« Chiamatelo decreto salva Italia » (discorso che il Presidente del consiglio hat tenuto il giorno prima per illustrare le misure anticrisi), *CdS*, 5 décembre 2011.

« Il podesta' forestiero », MM, *CdS*, 7 août 2011.

« Il processo all'Europa, le prospettive del dopo referendum », MM, *CdS*, 14 juillet 2005.

### *Chapitre 2*

« L'Europe doit réguler la finance », SG, *Le Monde*, 23 février 2010.

« Nuovo impegno per l'Europa », MM, *CdS*, 13 décembre 2004.

« Referendum quid agendum ? Réflexions pour sortir l'Europe de la paralysie assurée », MM, *Notre Europe*, 2009.

« Ein Front zwischen Nord und Süd », entretien de MM avec le magazine allemand *Der Spiegel*, 32, 6 août 2012.

« Società civile, un nuovo ruolo » (sul forum di Milano « Economia e società aperta »), MM, *CdS*, 13 mai 2007.
« Réconcilier les Européens avec l'Europe », MM (avec SG), paru le même jour dans *Le Monde*, *CdS* (« Riconciliare gli Europei con l'Europa ») et la *Frankfurter allgemeine Zeitung* (« Die Demokratie neu denken »), 15 février 2012.
« Demokratie ist kein Luxus », SG, *Neue Zürcher Zeitung*, 25 février 2011.
« La zone euro ne peut se résoudre à une coopération intergouvernementale », SG, *Le Monde*, 11 août 2011 (aussi dans la *Süddeutsche Zeitung*).

*Chapitre 3*

« Europa e wellfare l'équita' possibile », MM, *CdS*, 27 mai 1997.
« Gli stati disarmati », MM, *CdS*, 22 mars 2009.
« La lezione verde di Dany Cohn-Bendit », MM, *CdS*, 14 juin 2009.
« Il patto per l'euro », MM, *CdS*, 28 mars 2011.
« L'unione tiene », MM, *CdS*, 5 octobre 2008.
« L'egoismo delle nazione », MM, *CdS*, 1er février 2009.
« Contro i Privilegi », MM, *CdS*, 17 avril 2007.
« Thc real problem is excessive deference », MM, *FT*, 21 juin 2011.
« Troppo timidi per crescere », MM, *CdS*, 3 juillet 2011.
« Lettera alla Commissione europea. Per una disciplina di bilancio intelligente », MM, *CdS*, 20 octobre 1998.
« Une nouvelle stratégie pour le marché unique, au service de l'économie et de la société européennes », Rapport de Mario Monti au président de la Commission européenne, 9 mai 2010.
« Rifondare l'Europa per salvare l'euro », MM, *CdS*, 16 mai 2010.

« How to save the market economy in Europe », MM, *FT*, 6 avril 2009.

« Un patto vero per l'Europa », MM, *CdS*, 10 mai 2009.

« Patto di stabilità e convivenza europea », MM, *CdS*, 14 mars 2005.

« L'Europa, le regole da rispettare », MM, *CdS*, 31 mars 2005.

« Open issues on economic governance », MM, *Notre Europe/Proceedings of the seminar in honour of Tommaso Padoa-Schioppa*, Bruxelles, 14 avril 2011.

« Intervention of Prime Minister Mario Monti at the second Tommaso Padoa-Schioppa lecture », Brussels Economic Forum, 31 mai 2012.

« Titoli europei in aiuto all'Euro », MM, *CdS*, 2 décembre 2010.

« Eurobonds are the only answer to Europe's crises », MM (avec SG), *FT*, 21 juillet 2011 ; *Les Échos* (« Des obligations envers l'euro ») et *Handelsblatt* (« Die wahrhafte europäische Lösung »).

*Chapitre 4*

« L'Europa adulta e l'America », MM, *CdS*, 2 novembre 2008.

« Lettera al Premier », MM, *CdS*, 30 octobre 2011.

« Il Cardinale Martini : l'Europe sia politica, non solo moneta unica », MM, *CdS*, 18 septembre 1997.

« La scomparsa del Cardinale Carlo Maria Martini priva la Communità dei credenti », MM, *CdS*, 1er septembre 2012.

« Roma non divida quello che unì », MM, *CdS*, 25 mars 2007.

## *Chapitre 5*

« Il nuovo equilibrio fra mercato e democrazia », MM, *CdS*, 3 mai 1998.

« Il primo giorno dell'euro, meno sovrani ma più uniti », MM, *CdS*, 2 janvier 1999.

« Plaidoyer pour une Europe forte », SG, *Le Monde*, 16 septembre 2009.

« G20, l'Europe en danger », SG, *Le Monde*, 13 novembre 2010.

« France et Allemagne dans la crise, erreur sur le diagnostic et la méthode », SG, Note pour le CERFA-IFRI 2012 (paru en allemand à la DGAP).

*Die Krise demokratisch überwinden*, Ingolf Pernice et Mattias Wendel (dir.), préface de Giuliano Amato et de Sylvie Goulard, Humboldt Universität, 2012 (à paraître).

« Urgente démocratisation », SG, *Le Monde*, 10 mai 2012.

## *Conclusion*

« Un capitalismo verde », MM, *CdS*, 5 novembre 2007.

# REMERCIEMENTS

Ce livre n'aurait pas vu le jour sans les innombrables échanges que chacun des auteurs a eus, au fil des ans, avec de nombreux interlocuteurs de tous pays, européens ou non, et de toutes générations. Nous ne pouvons malheureusement pas les citer tous. Nous ferons une seule exception pour Georges Berthoin, ancien collaborateur de Jean Monnet, et pour les plus jeunes, notamment les étudiants de l'université Bocconi et du Collège d'Europe de Bruges, qui nous ont aidés à privilégier le temps long. Notre gratitude va aussi à Teresa Cremisi et à Sophie Berlin ainsi qu'à toute l'équipe de Flammarion qui a rendu la parution possible.

# TABLE

Mise en page par Meta-systems
59100 Roubaix

CET OUVRAGE
A ÉTÉ ACHEVÉ D'IMPRIMER
SUR ROTO-PAGE
PAR L'IMPRIMERIE FLOCH
À MAYENNE EN OCTOBRE 2012

N° d'édition : L.01EHBN000542.N001. N° d'impression : 83400
Dépôt légal : novembre 2012
Imprimé en France